흐르는 물은 시간의 게스트하우스다

박연숙 시집

계간문예

흐르는 물은 시간의 게스트하우스다

| 시인의 말 |

예술과 삶의 경계가 없듯이
시가 삶이고 삶이 시라는 것을 조금은 알 것 같습니다.
자연과 인생, 사물과 나,
아름다움과 슬픔, 욕망과 누추함까지도
흐르는 물의 게스트하우스를 따라
인간의 이상과 삶의 가치를
깊은 고뇌와 관조를 통해
신선하고 조용한 충격의 전율로
많은 이들에게 깊은 울림을 주는 시인이 되는
꿈을 꾸어 봅니다.
첫 번째 시집을 내면서 부족한 점도 알게 되었고,
시를 쓴다는 것이 그리도 어려운 일이라는 것도 깨닫습니다.
시를 쓰게 해 준 모든 분께 감사드립니다.

2020년 6월

박연숙

■ 차례

제2부 디렉트 인터뷰

제3부 포노 사피엔스, 아르카익 미소

제4부 고뇌의 어깨에 평온을

제5부 상트페테르부르크의 모호한 아름다움

제1부

거꾸로 가는 기차

한낮 달마중

생살 찢고 뒤꿈치 들어올려
얼굴 쏘옥 내미느뇨
초록빛 그러데이션 카펫 위에
분홍빛 줄무늬 쓰개옷 입고
노오란 떨잠 장식으로
달빛 향 쏟아내며
한낮에 달마중 왔느뇨
저리도 고운데
가녀린 허리 살랑살랑 흔들며
누굴 보러 왔느뇨

주체할 수 없는 외로움에
하얗게 떨며
머리에 기름 발라넘긴 별
반도네온 울리면서 내려와
축 처진 연분홍 낮달맞이꽃
얼싸 안고 탱고 춤추며
보카* 달빛 속으로 가려느뇨

* 아르헨티나 탱고 발상지

물결의 눈빛 하나로

자꾸만 너만 바라보고 서 있다는 건
애잇머리 네가 먼저 나를 끌어당겼다는 것
마주친 눈빛 순간순간마다 만개한 벚꽃을 데리고 왔는가
저 흰나비 떼, 약동의 날갯짓인가
하얀 고깔 쓰고 하늘 향해 얼기설기 흩뿌리며
하 많은 마루의 장삼자락이
노을빛에 낮달 품고 예불 올리려고
미끄러지듯 내딛다가 날 듯 달려오는가

화엄경은 졸고 있는데 봉암사 법고 소리
두둥두둥 둥둥 깨달음을 두드리고

찬 물결 눈빛들은 뜨겁게 폐부를,
내일이면 후줄근해질 과거, 오늘을
범람하고 있구나

지금 마로니에는

벤치에 앉아 낙엽을 보며
고독에 낭만이라는
물감을 칠하고 덧칠했던
그 어느 날

버버리코트 깃을
세우고
'니체' 에
심취해서 고뇌했던
그 어느 날

연극 무대 앞에서
주연배우인 양 울고 웃어
영혼의 허허로움을 달랬던
그 어느 날

지금 마로니에는
나들이 학생들로 시끌벅적,
필리핀 남자 홀로 구슬프게
기타 치며 노래하네

'예술가의 집' 엔
아직도 낭만이 흐르고
'별이 빛나는 밤' 에
'고흐' 열정은 살아 있는데

오월 향기에 휘청거리며
지금 여기
그 벤치에 앉는다

침묵의 꽃, 등판

매일
엎드려 사는 것이 일상이고
온 몸이 등판인
침묵의 꽃, 저울처럼

엄마 등에서
부엌 일, 시장도 가고
아플 때는 따개비처럼
등에 착 달라붙어
눈물도 아픔도 사라지게 한
달착지근한 엄마의 꽃 등판에서
모차르트 음악보다
오르골 자장가보다
엄마 음성으로 들려주는 구성진 가락에
스르르 잠들었던 그 어린 시절

짓눌리고 뭉개지는
아픔을 삭이고
수도자처럼 고뇌를 삼켰던
고통도 연민도 앉을 자리가 없는

봄볕처럼 따사로운
숭고의 꽃, 그 등판이
굽은 언덕 꽃자리가 되었네요

아, 딸만 걱정하시다가
이젠 꽃별이 되어 닿을 수 없는
시간 속으로 멀리 가셨나요

별빛이 바람결에 아롱거리고
난, 쓸쓸히 아포카토와 함께
블루 하와이를 당겨본다

쑥 향을 만지다

안면도 해풍 먹은 청정지역에서
쑥 캐는 막내동생 댁의 청록색 자태를
저물어가는 실핏줄 햇살들이
쉬면서 넌지시 응시했네

붉은 눈시울 같은 노을을 뒤로하고
쌀부대에 가득 넣어 메고 들고
송골송골 땀방울 훔치며
늘 그랬듯이 바닷바람에
피곤은 연소되어 핑크빛 미소로,
새털 같은 가벼움으로 돌아오는
밝은 한나절이었네

씻고 씻기를 정성만큼이나 큰 숫자로 하여
쑥 향은 파도 되어 흐르고
마침내 쑥설기, 쑥버무리를
우주 속 노-랑으로 드로잉했네

친정어머님의 아련한 황토색과
동생 댁의 청록색 손길과

연분홍 마음이 잘 버무려진
애틋한 쑥설기 향을
오롯이 만지노라면
두 여인의 얼굴이 얼비치면서
오묘함으로 퍼덕이고 번지네

해마다 개여울 사랑,
쑥 향이 넘치는 사랑의 잔을
간단없이 그리는 혼미한 내가
보이네 엿보이네

백련白蓮

떨림도 초조함도 없이 고고하게
군자처럼 서 있는 하얀 연꽃
초록빛 넓은 도포자락으로
속俗을 개구리밥에 묻어버렸구려

고결한 용모에 빠져버린
가인佳人의 시선도 외면한 채
다소곳 합장하는 모습,
그 청아한 미소가
세한도 든 추사선생처럼
서권기書卷氣, 문자향文字香이
소매 자락에 그윽하구려

마음도 어쩌지 못할 그리움
거문고 농현이 노닐고 있구려
잘 우러난 연꽃잎 찻잔에

한여름 누드

열기 품은 부드러운 욕망
태양을 움켜쥐는 소리
더는 못 참겠다는 듯
태양도 땀을 흘린다
커다란 열정이 산을 태운다
순간 그 산이 내 몸에 안긴다
울트라마린블루빛 바다도 꿈틀거리며
배롱나무 요요姚姚한 핑크빛 물도 쏟아질 듯
얼굴을 붉히고 있다

꽃봉오리 터지는 소리가 가득한 이 세상
항상 날개가 퍼덕이고 있고
거칠게 심장이 뛰고 있다
자유롭게 흐르고 싶은 것이냐
열기를 자르는 소나기가 내린다

하지만 복면 쓴 12월은
한여름 누드를 마냥 부러워하지 않는다

거꾸로 가는 기차

파쇼나토와 알레그로
장밋빛 정열과 마조렐 블루빛 이상
이글거리는 태양을 가슴에 품고
청록색 꿈을 향하여 직진했지

그라치오소
느림과 멈춤의 여유로
유턴, 피턴, 디턴
뒤돌아보고 주위도 둘러보고
아주 작은 꽃도 엎드려 사랑하지

다카포
아니 거꾸로 가는 기차에
새로운 날개를 펼치고 싶은
부드러운 욕망이 춤을 추지만

아다지오
여전히 달력은 달을 보고 걸어가고
나는 보신각 앞에서 여전히 서성이고

우주, 알리움

보라빛깔 꽃잎을 하나씩 직조하여
오월을 엮어 행성을 짠다
도래도래 이웃을 곁고 꽃잎 끝자락엔
미소를 붙인다, 그들은
뽐내지 않고 눈부신 빛깔로 그냥
그렇게 생각을 다듬고 서 있다

군데군데
열정을 쏟아 붓는 요요한 빨간 양귀비
살랑살랑 흔들어대는 허리에
이끌리어 행성으로 소풍 간다

지구와 행성들의 환상적인 하모니
보랏빛, 빨간빛 꽃물 든 꽃잠자리
감춰둔 '신세계 교향곡' 마시며
천상의 무아를 맴돈다

나유타의 오묘한 빛과
알리움 향 은은한 여기, 태안
꽃빛깔 꽃향기 오롯이 담아
보랏빛 꽃물을 동여맨다

미스티블루

핑크화이트 꽃잎 위에 코발트바이올렛 꽃인가
코발트바이올렛 꽃 위에 핑크화이트인가

흑백영화 '애수哀愁', 워털루다리에서
안개가 배경인 '올드 랭 사인' 속 먼 이별
그녀의 아름다움을 안개로 가두어
겨울 수묵화로 다가오는데
점점이 미스티블루 꽃으로 스러져
그림자는 없고 다만 그림자만 홀로
흩어진 청초한 사랑의 슬픔을 닦는다

꽃마리

우유로 금방 씻은 백옥 같은 얼굴로
초록에 비스듬히 누워 있는 너

'올랭피아'* 몸짓이냐
첫사랑의 아픔이냐
못 다한 사랑의 벙어리 웃음이냐
그리움으로 하얀 점만 찍어 놓고
어찌할 것이냐

꽃마리
다시 한 번 불러본다
가슴 깊이 묻어야 하는
너의 이름을
어찌해야 하느냐

* 올랭피아 - 1865년 마네 그림

추석 냄새

바람줄기에서 냄새가 타고 내려온다
휘청거리는 라이트퍼플 추석 전날
지짐이, 송편 솔향 냄새

꼬까신 신고 꼬까옷 입고 동네방네
반가 규수처럼 새치름하게 걷고
대야 물에 비친 보름달 속
계수나무, 방아 찧는 토끼랑
도란도란하던 나
두 겹 옷을 벗겨 용모단정하게 생률 치시고
비단옷에 박음질하듯 지방 쓰시던 아버지

물끄러미
벤치에 앉아서 본다
파노라마 3D 안경 쓰고
무선 비행기 조종하는 아저씨,
울며 웃으며 야구 놀이하는
아빠와 두 꼬마를

추석 냄새에서
기억의 윤슬로 고향냄새
무성영화처럼 들려오고
지극히 그리운 사람도 끌어온다

겨울 식탁

계절은 있는데 계절이 없다
꽃이니 채소니 물색없이 얼굴 내미는데
서울로 막 시집간 딸 보내며
동구 밖 언제까지나 손 흔들며 눈물 훔치시던
엄마도 오늘은 살포시 얼굴을 내미신다
봄물 든 달래를 듬뿍 넣어 양념간장 만들고
상큼한 봄동 겉절이를
파릇한 봄 향취와 황토색 그리움을 한데 섞어
매실, 액젓, 양념과 버무리고
김장 호박김치도 한 보시기 꺼내
뚝배기에 들기름, 물을 자작하게 붓고
끓여서 식탁에 놓는다
파래김은 살짝 굽고
쌀뜨물에 담가 논 보리굴비는 찌고
좋아하시던 팥밥 한 공기 떠놓고 기다린다
아 새색시 저고리 같은 노랑 프리지아도
엄미 진지 드세요
얼른 오세요 식어요
엄마의 사랑을 넘치도록 받기만 했을 뿐
사랑을 다하지 못했던 아픔에

내가 울면서 간다
물끄러미 보시고는
'이젠 우리 딸 제법이네'
눈송이 같은 작은 미소와
그윽한 눈빛이 겨울 식탁에
포근하게 아롱거리며 퍼진다
대답은 없으시고
첫눈처럼
엄마의 손길만 고요히 잠시 앉았다 가신다
외로이 울고 있는 녹차 물
나는 쓸쓸히 그 물을 마신다

입추立秋에 서다

가을이 일어서지 못하고
폭염 옷을 덧입고 주저앉아버렸다

밀짚모자 위 하얗게 부서지는 열기로
멱을 감고 있는 아저씨 앞
좌판에 무스탕 입은 옥수수
누워서 넌지시 바라본다
선풍기 목에 걸고도 헉헉대는 사람들을
비둘기 대여섯 마리만
떨어진 옥수수 알갱이 찾느라 구구구
길가 아스콘마저도 땀을 쏟는다

마지막 더위 말복末伏에 엎드려야
가을이 일어서서
성큼성큼 오려나

크리스마스로즈

슬픔이 없는 크리스마스,
사락사락 내리는 하얀 별꽃 속에 평화와 거룩한 소리가 남는다
아마 미카엘 천사가 지나갔나 보다
흰색이면서 애송이 연두인 파시미나*를 휘어 감고
건드려도 떨어지지 않게 은밀히 무장한 채
동토에서 따뜻한 얼음 물고 입술 핏자국도 띄우지 않고
강인하게 존재한다는 것, 복면한 여름은 알고 있겠지

이 크리스마스로즈 향기는 뉘의 부탁으로 이리도 요란한가
동막골 '하늘 정원' 레스토랑 문 앞에
병아리 색 털실로 입술을 가린 청아한 여인이
고운 눈빛으로 다소곳하게 고개 숙이고 넌지시
외로움의 그리움을 거절한다고 방백의 대사를 읊조리며
겨울 여정을 푸르게 더듬어 가고 있었다

*파시미나 - 히말라야 고산지대에 자생하는 산양 복부 부분 털로 짠
고급 수제 직물. 캐시미어보다 더 부드럽다.

제2부

디렉트 인터뷰

곡물확대업

'뻥이요'
소리는 적은데
뻥 소리가 가득한
구멍가게 할아버지
오늘은 아들만 남겨놓고
베트남 여행 가셨다

사거리 모퉁이에서
곡물 깡통들은 온 순서대로
고소한 냄새에 침을 삼키며
줄지어 앉아 있고
다 익어갈 쯤 예령 소리에
멀리서 귀를 막고 주전부리를 기다리는 아이들
'뻥' 소리와 함께
하얀 신비에 휩싸여
잠시 동화 속 백설공주와 왕자가 되었던
그 어린 시절
국민학교 가정환경조사서
아버지 직업란에 또박또박
쓰여진 곡물확대업

'뻥이요' 소리는 사라져 가고
뻥이 많은 요즈음 세상
저 가로수 벚꽃은 화사하다

구두왕

희끗한 스포츠 머리에
무릎관절이 아프다고
구두약 코팅된 옷 입고, 잠시
가로수 아래서 무릎 돌리면서
바다 노을이 보고 싶다는
은행 앞 구두 수선 할아버지

하루 종일 앉아서
눈 밑에 안경 걸치고
닳아진 뒷굽 갈고
구두약 칠하고
헝겊으로 문질러 광(光)을 내고
상처투성이 구두를 매만지느라
손에 군살이 돋고
뭉툭한 손톱엔 까만
봉숭아 꽃물이 들었다

수많은 구두를 신고
어디를 돌아다녔을까
내 몸은 무슨 구두일까

내 몸이 빛이 나는
구두가 된 적이 있는가

아직 난
반 고흐의 '한 켤레 구두' 가 되지 못하고
지금도 하 많은 시간
수많은 구두를 만나서
광光을 득템하려고
돌아다니고 있는데

할머니 반찬값 줘야 한다고
잠깐 앞 은행 가는 일이
그나마 외출이라며
쓸쓸히 미소짓는 그 눈동자 속에
노을이 얼비친다

초록마로니에는

혜화역 2번 출구 앞
사주, 점, 관상 앞에 서성이는
초록 젊은이들

벤치 앞에는
발가락 잘린 비둘기 한 마리
고통을 걷는
초록 눈빛

김밥 한 줄로 하루 때우는
노숙자 초록 할아버지
마로니에 줄기 끝에 졸고 있는
초록 할머니

예술가의 집엔
굵주림과 무박 나흘 속에서
물이 없어 남은 몇 방울 술로
먹을 갈아 쓴
박지원의 '열하일기'
초록 여정은 유유히 흐르는데

마로니에
초록 주름치마 이파리
귀부인 같은 하얀 꽃들이
희망을 딛고 서 있다

절망은 희망을 딛고 서 있으므로

선택과 결정

둘은
사랑하지 않을 수 없다
그 둘은
같지는 않지만
같으려고 같지 않다

내가 원하는 것을
가질 수 있을 때
내가 원하지 않은 것을
가질 때에도
둘이는
나란히 가거나
옆으로 가기도 하고

때론 플랫폼에서
그저 기다리거나
목표도 없이 따라갈 뿐이기도 하다

그래도

그 둘은

사랑하지 않을 수 없다, 결코

웃음으로 눈물을 자르고

눈물이 웃음으로 꽃피듯

폭염 소묘

너도 힘들지
나도 힘들다

배롱나무 꽃은
루비를 알알이
자지러지게 흘리고
밤낮으로 매미는
'폭염주의보' 를 절규하며
최후의 눈물을 흘린다
죽어야 산다는 말처럼
여름잠을 청하는 잔디
가여운 안식이다

입추는 111무늬 폭염의상 걸치고
BTS처럼 칼 군무를 춘다
절친 처서에게도
뜨거운 문자 날리려나

사람들은 풍차처럼 여기저기
분홍 하양 검정 바람개비를 돌리고 돌려도
폭염은 불통不通 벽창호[壁昌牛]인지라

너도 힘들지
나도 힘들다

화살 숲

오늘도
화살표 숲에 살고 있는
우리들

화살표는 흘림체가 아니고
곧은 선으로
선홍 피 꽃을 피우려 날던
화살 모양 표다
영화 '최종병기 활' 처럼

순례자가
길을 인도하듯이
성경 불경 말씀, 이슬람 경전처럼
우린 말없이 따라간다

화살표 급소인 화살촉에 이르러서는
화살촉에 올라타도 두렵지 않아
안도의 숨을 쉬어야 할 텐데

촘촘한 한낮
서울의 화살 숲에서

나는 방향을 잃어 갈 곳 모르는
한심한 미아가 된다

지하철, 복합상가몰

지하철 타는 곳
바닥철판 6-4 앞
이중도어에 걸린 시집에서
목련꽃, 진달래, 채송화
하이네, 김영랑, 허영자를 만나고
외국어 교실인 양 역 표기에
영어, 중국어, 일본어 읽어보고
손가락으로 써 보는데
홀 안으로 들어서면
핑크의자에 앉은 임산부
경로석이 범람해
일반좌석까지 밀려오는 노인들
청진기 귀에 꽂고
심해 정보바다를 서치, 캡쳐하고
진단하는 젊은 의사들
제법 진지하다
그뿐인가
마음을 다스리는 고요한 자세
시간의 슬픈 얼굴도
VIP 라운지인 듯

잠시 깊은 잠에 빠진 고단한 삶
기도실을 방불케 하는 사람들
사랑이 사라질까
부둥켜안고 눈 맞추는 연인
사이사이를 다니며
다용도 매트가
단돈 5000원이라고 외쳐대는 아저씨

지하철 복합상가몰에
내가 나를 빠뜨린다

나는 누구인가
어디로 가고 있는가

지구처럼 둥글게 둥글게 갔다가
다시 돌아오는 사람과 사람들

디렉트 인터뷰

나와 나 그리고 나
세 여자가 혼재된 나
나는 항상 그들과 다이렉트로 인터뷰 한다
중심을 잃고 흔들리는 그 여자의
대책 없는 흐느적거림으로 가끔
휘청거리곤 한다
또 다른 눈앞에 비문증처럼
가는 곳마다 따라다닌다
초자아超自我 그녀는 반가사유상처럼 앉아 있다
그녀는 미묘한 감정도 다독이며
살갑게 굴어서 더 얄밉다
목마름의 갈증을 그는 아시나요
청아하고 푸르게 걸어간다
새콤달콤 프로젝트를 품고
캐러멜 마키아토의 쌉쌀달콤함을 만지고 있다
선명하게 드러내는 속마음
촉각을 자극할 피카소 화풍의
스카프를 어깨에 걸치고 그녀는
모나코 왕비 그레이스켈리처럼 우아하게 걷는다

지금도 촉촉한 목소리로 속닥거린다
설원의 화이트핑크 아몬드 꽃을 귀에 꽂아주지 않겠느냐고
하이브리드적인 나인가

상황 1

천호 지하철역
억장이 무너지는 소리가
천장이 무너질 듯
떠나갈 듯하다
무엇이 불만인지
무엇이 그녀를 분통 터지게 했는지
고래고래 목에 힘줄이 붉게 비치는
관중 없는 독백
세상 밖으로 용암을 분출하는 활화산 같은
그 젊은 여자

듣지도 않고
들으려고 하지도 않는
분주하게 오가는 귀가 없는 사람들

빌어먹을 이념 따위는

거제도에 관광 온 흑인 탭댄서 단장은 그 옛날 포로들과 같이 춤추었던 그 곳의 마루를 주름진 손으로 어루만지며 과거를 소집한다

탭댄스에 매료된 내적 자아와 사상이 무장된 자아의 충돌 속에서 그들은 잠시 전쟁을 잊은 채 발 리듬을 만지면서 망아忘我를 마신다

1951년 거제도 포로수용소에서 참혹했던 전쟁과 신나는 탭댄스 춤판이 벌어지는 영화 '스윙 키즈'는 오직 열정으로 똘똘 뭉친 오합지졸 댄스단. 아이러니한 슬픔과 아이러니한 흥겨운 춤의 은유가 이데올로기를 벗어낸 탭댄스로 어느새 그들과 함께 타닥타닥 탁탁 발을 구르고 있다. 피부색이 까맣다고 누렇다고 경멸하고 감히 미국의 춤 탭댄스를 따라한다고 조롱하던 그들

지금은 K-pop에 열광하여 한국어로 노래 부르며 유튜브를 보면서 춤추기도 한다. 아마 미래도 체포되리라

달빛 속 달빛 공작새

일렁이는 파도의 날갯짓
스타카토와 각의 미세한 동작
파닥거리는 몸짓과
고혹적인 고운 흐름선에
시샘하는 아프로디테
양쪽 갈비뼈를 뽑아내서인지
야윈 종이인형처럼 가볍게 요동치는
달빛 속 그녀의 그림자

천상의 새인지
나비인지
사람인지

무대에서
손짓으로 공작새 머리 춤춘 그녀는
청아한 은색 날개를 무대만큼 활짝 펴고
은밀한 은유로 뒷모습만 보이고
달빛 속으로 유유히 사라진다

다시 달항아리에 함초롬히 앉아 있는
저 달빛 공작새는
애련하고 고아한 패러독스다

아, 잡을 수 없는 저 시린 아름다움이여

왕극락조, 그 경계가

창공을 들어올리는
스노우보드 선수는
퍼덕이며 회전하는
가장 화려한 천국의 새
왕극락조(King Bird of Paradise)

세상 어디에도 있을 것 같지 않은
이 새는
파란 양단 같은 하늘을
둘둘 감는다
어릴 적 이불을 감고 잔 것처럼

여기 새하얀 눈밭과
파란 하늘의 경계선을
어느 화가가 그렸는지
군데군데 오색 물결
날개들이 있어
차가운 추상 몬드리안의
단색화로 다가와
눈발에 어른거리고 나부낀다

평화의 깃발처럼
핵도 무기도 없이
지구촌 모두 한마음으로
이 자리에 함께 있다

지금 평창 설원에서는
한 마리 새인지 사람인지
그 경계가
사라지고 있다

2018 평창, 크로스컨트리 스키애슬론

보라
설원의 마라톤, 스키애슬론을
지금 그들과 목표점을 향해 간다
무슨 생각을 하면서 가는 것인지
나 자신, 조국, 가족을 위해서인지
스키로 오르막길은 고비사막
그야말로 사투의 길로
뱃속 맨 밑바닥 힘까지 끌어올려
온몸이 부서지고 연소되는 고통이다

내리막길이다 엄마 생의 마지막 모습
천국으로 가는 길이란다
좀 쉴 수도 있고 좀 편안해서인가
운명하신 그 모습은 오히려 편안하시고 아름다우셨다
하지만 힘 조절과 에그(egg)포즈로 몸을 웅크리고
바람과 악수하고 화해하면서 가야 한다
어기 앞사람만 계속 따라갈 것인가
언제 치고 나갈 것인가도
서로 방해하지 않고 다치지 않도록 배려하면서

초반에 넘어졌지만
그래도 오직 전진할 뿐
멈춤과 후진은 없다
이젠 의식에서 점차 무의식 세계로 빠지고
턱에는 고드름, 손발 감각은 둔해지고
칼바람 눈보라에 시야가 흐려져도
다만 앞으로 가야 한다
다른 스키로 갈아 신을 때도
아이언맨 슈트 입을 때처럼 정확 신속하게

넘어져서 잠시 우울했던 나는
이제는 바람을 타고 가는 파랑새처럼
온 몸이 새털처럼 가벼워져
황금빛 환희를 목에 걸고
결승선에 낙관을 찍는 순간
갤러리들은 뜨거운 추상화처럼
한동안 소리 없는 함성으로 춤추고
저쪽 나무 하얀 잎새들도
침묵의 환호로 손 흔드는데
파란 겨울 하늘만은 눈물을 글썽인다

오늘 마지막 하루

그 청년
오늘 하루 일정을 거둬들이는지
오늘이 생의 마지막 하루인지
힘줄 선 목에 다급한 소리
그 메아리가 달라붙는다, 여기에
안으로 어서 어서 들어오라고
순간의 호기심으로 우르르 들어갔다가
우르르 나오는 사람들

어제도 마지막
오늘도 마지막
한 달 내내 오늘이 마지막 날인
한시적 의류 세일 매장
유명메이커, 홈쇼핑 물건인데
공장폐쇄로 원가 이하
오늘 단 하루만 세일 그 소리에
걸린 옷들이 깃발처럼
우울하게 펄럭거린다

내일의 그 청년
어디로 흘러가서
또 그렇게 외칠 것인가

그렇다
신비의 광야, 오늘은
지금 여기에 이어져 살고 있는
마지막 그 하루이다

봄날은 가고

할머니가 앉았던
아스콘 자리는 구겨져 있다

삶의 홍정이 채색된 비치파라솔 아래
옴살 같은 휠체어에 앉은
여든의 할머니와 예순의 딸이
마늘과 쪽파, 도라지 더덕 까면서
세발나물도 판다 빨래비누도
좌판이 늘어선 봉천동 현대시장 어귀
분꽃 같은 미소로 으레 넉넉한 한 줌의 덤
가시 돋친 거친 손등에
벚꽃잎이 먼저 날아와 앉는다
우거진 아파트 사이로 낮달이 비껴가고
그 파라솔 야윈 긴 그림자 밑에
삶의 고단한 고샅길이 드리웠는지
가뭇없는 여든 할머니와 예순 딸

무심한 자동차는 씽씽 달리고
벚꽃잎은 길거리에 흐드러지게 엎드려 있다

제 3 부

포노 사피엔스, 아르카익 미소

직각자가 걸어간다

직각자가 걸어간다
몇 가닥 헝클어진 하얀 비단실 머리 노인이
고독과 검은 비닐주머니를 거느리고
직각으로 접혀진 인생의 허공에다 허공을 치는지
암회색 층층계에서 허공을 끄집어 당기듯
파리바게트 앞에 앉아서 가슴을 쾅쾅 치고 있다

지금 이 거리는 수컷들과 메이크업한 나비들이 팔랑거리고
크리스털 웃음 짓는 초록 젊은이들의 수다스런 카니발이
벚꽃 피는 경마장처럼 호황이다

아마도 그 노인의 검정색 비닐 속에는
연분홍 들꽃 같은 시간의 주름과
회청의 쓰라린 망각의 껍질과
연보라의 어떤 희미한 기다림이
노마드 보따리로 묶여 감금되어 있을 게다

모성과 그리움을 돌돌 말아 고통을 삭이고
외롭고 어지러운 이 세상을 직각만큼만 보려고

직각자처럼 그리 걸어가시는지
그 직각자는 언제나 다리 펴지 못하는 의자처럼
세월을 무릎 꿇게 만든다
아, 저 초승달에 흐르는 생채기

바르도*, 영원한 순간

징 꽹과리 북 장구 사물놀이 소리가
겨울에 닿는다 나비가 날더니
순간 진동의 봄날이,
여름 오고 비가 내리자
배롱나무 꽃은 옷을 벗어 던지고
명옥헌 연못에 홍건히 누워 있다
그 신음소리는 열병의 고통인가 환생의 기쁨인가
창 안과 창 밖에도 있다

김홍도가 그린 '무동도' 의
삼현육각과 함께 사람들은
퀘벡 천 섬을 다니는 전용보트에
호화스럽게 앉아 있는 개와
저 인도의 허기진 소들과 함께
햇빛 속 담양 고목 숲을
장단에 맞춰 걷고 있다

여기 지금 안락의자에서는 달콤한
스페인 상그리아 잔을 들고

두 줄로 웃음을 우는 해금의
빠른 헝가리 춤곡 '차르다쉬'를
우아하게 먹고 있다

내 몸이 두 줄의 현인가 활시위인가
고통의 삶인가
축제의 삶인가
고통 속의 축제인가
축제 속의 고통인가

* 바르도(Bárdo) - 티베트 불교용어로 낮과 밤 사이의 황혼녘, 이 세계와 저 세계 사이의 틈새. 사람이 죽은 후 환생하기까지 머무는 기간을 49일로 생각함.

마로니에 워킹

티켓박스를 바라보며 칼라만시 아이스 크러시를 기다리는데
공연을 기다리는 듯 가벼운 물결로 압축된 파일이 열린다
'예술가의 집' 마당에서 피아노 치는 청년
강아지와 산책하는 남자, 안고 가는 여자
그 앞 벤치에 길게 엎드려 하의만 걸친 채 일광욕하는 청년은
예술가의 집을 서성이는 파리한 눈송인지
땅을 콕콕 찍는 맨발의 비둘기 한 마리
익숙한 듯 낯선 연극 무대가 거기 있다

길 건너 병원에서는 생명의 끈을 타고 넘고
여긴 예술을 타고 넘는 7월의 마로니에
비둘기 한 마리 찻길로 걸어가더니 보이질 않는다
크고 작은 배들이 큰 길 요단강에 범람하고
구급선도 삐뽀삐뽀 다급하게 어디론가 질주한다

다만 여기 비둘기 한 쌍은 양산 쓴 여인과 자전거 탄 소년과
슬픔을 잘라낼 음악과 함께 가볍게 워킹하면서
칼라만시 아이스 크러시와 오늘을 웃는다

광고지

광고지는 광고의 침묵이다
폭염 속에 나뒹굴어져
구둣발에 짓밟혀도
음악도 없이
영상도 없이
침묵으로 광고하는데
붉은 석양만이 눈시울로
훑어보고 지나간다

신림역 입구
교복 입고 교과서 대신
광고지 한 뭉치 안고 서 있는 학생,
여기 초록 젊은이, 아주머니
저기 다문화 가족들은
애처로이 선물을 주고 있다

소낙비에 종이는 젖어
고구려 벽화가 되어도
다만 '일자리' 라는 글자만은
비에 젖지 않는다
지워지지 않는다

그들, 나는 누구인가

오늘은 소시장에 가는 날
정든 할아버지, 친구들과 이별할 시간
그리움이 신음하고 슬픔이 돋아
시린 눈물 한 방울 뚝 떨어진다

뜨거운 웃음으로 아침 햇살이
나를 감싸는데
아, 죽기 위해 살았던가
아니 그들을 위해
죽임을 당해야 하나
하지만 나는 알고 있다
오늘은 그들을 위해
죽음의 장소로 가는 날이라는 것도
이미 알고 있다

그래, 그들을 위해서
기꺼이 나를 필요로 하는 모든 이에게
마치 조국을 위해 죽으러 가는 애국 열사처럼
도도하고 의기양양하게 걸어가자, 그곳으로

안중근 의사처럼 혈서는 못 써도
윤봉길 의사처럼 도시락 폭탄을 가지고 갈 수는 없어도
고통 없이, 간병인 없이, 요양원 없이
영혼을 뜸 들이지 않고 마감할 수 있으니
웃으며 뚜벅뚜벅 걸어가자

웃음을 울음하며
의식의 카타콤에서
시간을 들고 서 있는데
눈물 한 방울 눈썹에 또 매달린다

그들, 나는 누구인가

쓸데없는 경계로

시간의 그물에 걸려 버둥거리고
뜨거운 이마를 움켜 쥔 채
미묘함으로 현기증이 일렁거린다
초침을 눈썹 위에 올려놓고 훅 날려버린다
냉동 상자를 렌지에 넣어 급 해동시킨다
축 늘어진 줄을 끌어당겨
팽팽하게 리프팅하듯이 끌어 올린다
심장이 왈츠를 출 기미가 엿보인다
시간의 육체를 굴려 만든 뫼비우스 띠로 굴리면서
우주 속 저편으로 보낸다
시뮬라크르 세상에서
몸 한편에서 오는 시큰함을
불꽃놀이 속에서 감지한다
이 시간 이 오후 이 육신
이 영혼의 텍스트가 유리창을 통과하고
시간의 육체가 있는 그곳
몸부림 곁에 달라붙는다

미래가 체포되는 쓸데없는 경계로
난해한 오후의 창밖을 내다본다
멍청하게 앉을 줄도 모르고
손바닥을 포개고 신음하는 당신을
결론이 미소 지으며 나를 달랜다

천상의 커튼 오로라

캐나다 옐로 나이프인 듯
신들의 춤을 본다

펀치볼(Punch bowl),
제4땅굴 수색작전 중 산화한
충견忠犬 '헌트' 소위를 데리고
비장한 마음으로
투명 유리전동차 타고
땅굴 속으로 간다

소망교회 옆 군부대
무궁화는 충성스럽게 피었고
DMZ 을지전망대 가는 언덕엔
수놓은 듯 아리따운 황금색 마타리꽃,
자궁꽃 보라 칡꽃은 술래로 눈을 가리고

"너희들 짤순이 있니?"
- - - - - - - - - -
"순희 시집 갔어"

남북 군인들의 먼발치 대화
흑백영화 포스터
메아리처럼 펄럭인다

어느 때보다 평화롭게 고요히 누워
천상의 커튼 오로라에 휩쓸린다
여기 양구 국토정중앙천문대에서
오늘 여러 일들이
연두, 노랑, 파랑, 하양, 오로라 핑크 자락으로
알레그로, 프레스토, 마에스토소로 휘모리치며
평화 속 빛의 심포니로 들어간다

포노 사피엔스*, 아르카익 미소

나와 개체는
웹에서 주문 결제한
에스프레소 원 샷, 그린 티 라떼
한 잔을 픽업하러 간다

나와 개체는
뉴스와 정보를
읽지 않고 그냥 본다
네이버 바다에서
각종 정보가 헤엄쳐 나온다
검색하고 계속 링크하다가
풍덩 빠져서 허우적거리기도 한다

나와 개체 Phone과 함께
쿠팡, 알리바바, 아마존에서
쇼핑 직구하고
고졸古拙한 아르카익 미소를 만든다

나는 생각하는 사람인가
휴대폰 생각의 인간인가
과연 스마트 폰은 오장육부에
하나 더 있는 신체인가

* Phono Sapiens - 영국의 경제주간지 이코노미스트가 처음 사용한 말. 2020년에는 인구의 80% 이상이 소유(61억 대)한다고 예상함. 호모 사피엔스를 빗댄 말.

흐르는 물은 시간의 게스트하우스다

흐르는 물은 노마드, 정처가 없다
흐르는 물은 시간의 게스트하우스다
개여울이든 강물이나 바다이든
시간의 물과 팔짱끼고 발맞추며
멀고도 긴 데이트를 한다

좀 더 가까이 그의 체온과 포개고
기억을 흔들어 추억을 소환하고
베일에 가려진 미래를 체포한다

환상의 새가 고요히 쉰다 오팔 그린 들판에
이제 허허로운 적요는 산산조각 흩어지고
세루리언 블루 차일이 난만한 저 공중 여백에
갈대밭 어린 비비새는 잔가지 물고 와
는개 빗줄기에 '위풍당당 행진곡' 음표를 한 소절 긋고 간다

직박구리는 꽃을 음미하고 목청껏 아카펠라로 행진곡을 연주하는데
물봉선은 꽃병도 없이 어딘가 고아하게 봉황처럼 앉아 있다

유영하는 송사리 떼는 삶의 구김살을 배접하느라 분주하고
무심한 달빛은 시심을 흔들어 본성에 희열을 꽂는데
'아테네 학당'*에서는 흐름의 철학 낱말들이 부들처럼 일어선다

허공을 나는 새처럼 걸림 없이 멀리 흘러가기도 하지만
때론 바위를 만나서 휘모리장단으로 흔들리다가도
잠깐 멈추는 듯 웅건하게 돌아가기도 한다
흐르는 물은 영원한 디아스포라
시간의 물과 애틋하게 밀착토크하면서
시방 데이트 중이다

* 라파엘로 산치오 그림. 약 60여 명에 가까운 철학자들이 각기 다른 자세로 토론하는 모습의 그림.

물결무늬가, 입술에

정지, 가만히 있었다
정지, 아무렇지 않았다
미풍, 바람이 속삭였다
약풍, 풀피리 불며 파미르 고원에
아몬드 꽃을 따러 가자고 귀를 간지럽힌다
약풍, 바람이 언뜻언뜻 내 앞에 오고 간다
약풍, 어렴풋이 아파온다
약풍, 흔들리지 않으려다 흔들렸나
강풍, 입술이 갈라지는 소리에 신열이 돋는다
강풍, 입술에 물결무늬가 웅크리고
약풍, 바람이 또 건드리고 간다
강풍, 어지럽고 잔기침을 한다
강풍, 바람은 바람 마음대로 분다
강풍, 흔들리지 않으려고 햇살과 바람 사이에서
향기의 파편들이 시간을 깨운다
강풍, 나는 바람의 누구여야 합니까
눈빛 적신다 비가 내린다

체중계

너를 통해
나를 읽어 간다
보태기도 덜기도 하며

오늘도
나의 욕망을 저울질해 주는
꽃등판에 살며시 올라선다
바늘이 놓아 버릴 때까지
소수점 이하 숫자라도
버리고 더하고 싶은 갈망으로

체중계는 매일 반성하지 않으려고
반성한다

저울도 자신의 무게를
달아 보고 싶지 않을까

저울판에 지구 담은 무게가
0이더냐

색즉시공 공즉시색色卽是空 空卽是色
너는 이미 만물의 이치를 깨달았더냐

바늘귀 신화 읽기

유리창을 두들기는 빗방울 소리가
내 귀도 함께 두들긴다
가라앉은 마음의 무게를 주워든다
오보에 소리가 희뿌연 유리창에 피어오른다
살구빛 캔버스에 그저 한 땀 한 땀 바느질을
미얀마 사람들이 사원에 금종이를 붙이면서 소원하듯이
캔버스에 헝겊 조각을 덧대고
홈질, 박음질, 공그리기, 휘갑치기, 새발뜨기한다
인도 사원 기도실에서 실을 묶으면서 기도하듯이
때론 색색 털실로 묶기도 한다
수직과 수평을 넘나들며
바늘이 나인지 내가 바늘인지
장자의 '나비의 꿈'처럼

무릉도원에서 담소를 나누자
잠시 우리는 복숭아 꽃잎이 되었다가
분수처럼 흩어졌다
내 눈 속에 꽃잎 하나가 매달린다

아! 몽환이었나

또 다시 바느질하고 있는
나를 빙긋이 바라본다

카프스킨* 가방을 든 여인

궁금하지도 않은 채
어린 송아지는 자기 노래는 부르지도 못하고
죽어서 그들을 위해 품위를 노래한다
가죽 결이 곱고 부드러워 흐느끼면서
광택의 미소로 울음을 웃음한다
송아지 가죽은 슬픈 미소로 남아
웃을 수 없는 웃음이 된다

카프스킨 가방은 부富의 상징인 양
그 소유 욕망에 매달리고 그 자랑을 구걸한다
거리엔 죽은 어린 송아지들이 젖 달라고 칭얼거리며
엄마 찾으러 거리를 방황하고
저 공중 하늘에서 별이 된 황소자리는
황망한 서글픔으로 뼈만 남은 작대기를 인내하고 있다

* 카프스킨(Calf Skin) - 생후 1년 미만(10개월 가량)의 송아지 가죽. 소가죽에 비해 결이 섬세하며 부드럽고 윤기와 신축성이 있음.

모놀로그

통증이 목, 허리에
감각적인 나에게
많은 이가 애원하고 매달려서
성인聖人도 힘들지 않을까

자신에게는 매달리지 못하는 나는
있음으로 필요한 존재이고
있음으로 불필요한 존재여서
사랑과 미움의 끝자리에 서 있다

부드러운 몸이 되어서는 안 되고
항상 곧은 자세로 꿋꿋하게
머리의 고통도 삭이면서
가여운 벽에 깊이 박혀 아픔을 주는
나는, 못

흔들려 흔들리지 않으려고
완벽하게 자신 속에 갇혀야 하는
자존감이 강한 나는
견디다 못해 흔들려 헉, 소리 지르면서
혼절하여 떨어지고 마는
온 몸이 감각 덩어리

고요한 밤, 거룩한 밤

S역 5번 출구에 만선으로 돌아온 밤배는 오징어를 들어 올려 버터 발라 맥반석에 굽고 있다. 그 독특한 냄새에 유인되어 사람들은 줄을 서서 누워 있는 입금 계좌번호와 함께 기다린다. 옆 가게는 빵 속에 노른자가 동그랗게 눈 뜨고 있는 계란빵집. 그 옆에 가래떡 구이와 쑥 웰빙 호떡 옆으로는 방금 쪄낸 찰옥수수와 오뎅집. 알록달록 핸드폰 케이스 집 옆은 고요한 밤 거룩한 밤 파는 군밤가게다

연신 밤을 구워내는 청년의 오른쪽 무릎 아래가 실종된 모습이 가슴에 박힌다. 높은 의자에 그 다리를 걸친 채 목장갑 낀 손이 바쁘게 움직인다. 더 번뜩이는 위트는 고요한 밤 오천 원, 거룩한 밤 만원, 어둠에 묻힌 밤 삼천 원. 검은 매직으로 쓴 판지조각 날마다 성탄절이다

이곳에 오르간 연주자가 작곡했다는 '고요한 밤 거룩한 밤' 노래가 흑인영가처럼 영혼을 울리고 '북치는 소년'도 지나간다. 축복하듯 첨탑 아래 종소리는 눈꽃송이로 내리고 숲이 없는 먹자거리 숲속에서 어둠에 묻힌 밤 한 봉지 사들고 걸어 나오는데 찰나의 이 공황은 무엇인가

그 눈꽃송이로 온몸이 용해되어 먹물 한 점으로 남아 고요한 밤 속으로 내가 묻힌다

제 4 부

고뇌의 어깨에 평온을

움직이는 초점

– 서울시립미술관 '데이비드 호크니* 전시전'

따스한 햇살이 가득한 집
뼈대 없는 감성 색채의 울렁거림

햇빛에 반짝거리며 넘실대는 수영장
첨벙 물이 일렁이는 순간
귀로 보는 그림처럼
순수의식이 몰입되는
움직이지 않으며 움직이는 정 중 동
무심한 일상에 영원성을 담보한다

빛을 시각이 아닌 촉각으로
색을 물질이 아닌 빛으로
빛을 머금은 색으로
색 너머에 공空을
기억과 함께 바라봄으로
관객을 그림 속으로 끌어들인다

그는 지금도 애플 아이패드를 스케치북 삼아
꽃을 그려 친구에게 보낸다

*데이비드 호크니(David Hockney, 1937. 영국) - 영국 요크셔 지역의 브래드포드에서 태어나 40세 무렵부터 거의 듣지 못하게 되었음. 예술대학에서 공부하고 1959년 런던 왕립예술대학에 진학하여 영국 팝아트 운동에 가담. 수영장 그림이 1020억에 팔림.

민들레*

민들레 꽃씨는
바람과 어깨 겯고 소풍 와서
여기
국립현대미술관 서울, 마당에 숭고하게 피었다

시들지 않고 변치 않는 그 육중한 민들레는
홑씨처럼 모인 칠천여 개의 저렴하고 버려진 양은냄비, 물통,
주전자, 프라이팬, 플라스틱 소쿠리, 바가지, 화분받침 등으로
각기 다른 사연들과 오랜 시간의 축적을 담은 신화로
소중했던 그 시대 행복의 씨앗들
민民이 여기 들판에 와서
일상과 예술의 경계가 사라지고
어제의 일상이 오늘의 예술로 승화된 숭엄한 꽃이다

나는 지금 여기서 무위의 순간을 온전히 마시고
내적 전율을 감지하며
'봄의 왈츠' 타고 미사일 꽃처럼 하늘을 뚫고 나아가
아이언맨처럼 지구를 넘어 행성을 향해 멀리멀리
아니 닫힌 마음, 관습으로 무장된 나를 훌훌 벗어 던지고

저 하늘을 끌어안고 경쾌하게
바흐의 '브란덴부르크 협주곡 5번' 에 맞춰
맨발로 환희의 춤을 춘다

아, 인생과 예술은 어디로 향해 가는 것인가
진정한 내 노선은 어디인지, 노선을 잃었다.

* 민들레 - '민民들土레來' 최정화 작품. 〈모이자 모으자〉운동에서 관람객들과 함께 모은 7,000여 개의 용도를 다한 일상의 식기들로 높이 9미터, 무게 3.8톤의 거대한 설치작품.
〈MMCA 현대차 시리즈 2018 : 최정화 - 꽃, 숲〉 전을 위하여 제작된 신작이다.

화려한 고독과 한恨
– 서울시립미술관 '영원한 나르시시스트, 천경자'

고독한 슬픔이 깃든 방에서
숙명적인 한恨이 서린 여인들이
나직이 응시한다
저리도 슬프고도 달콤한 한이 그녀의 삶이었을까
꽃이니 뱀이니 머리에 얹은 것도 한이런가
어쩔 수 없는 한
지울 수 없는 한
한을 통해 신명을 부르는
짙푸른 음영의 커다란 두 눈에서는
젊은 날의 슬픈 기억들이 비쳐 나온다

작품 '생태' 에서 그녀는
수 십 마리 뱀을 그려놓고
성냥개비를 놓아 세어보니 33마리라
여기에 사랑하던 뱀띠 남자 나이와 같은 35마리로 그려
신비한 생명력이 미감美感에 감전되어
고통과 아픔을 발효시켰다

30여 년 동안 17개국을 스케치 여행하며
배추색만 보아도 향수에 사로잡혔다는 그녀는
신명을 끌어내는 도구, 색으로

현실과 환상을 내면화하고

작품 '캣츠' 에서 그녀는
아침이 되면 사라져야 하는 운명 앞에서
늙은 고양이 '그리자 벨라' 로 분장하고
지난 날들을 추억하며
뉴욕 브로드웨이에서 '메모리' 를 불렀다

작품 '환상여행' 으로
영靈의 세계를 형상화한 대작을
오래 오래 그리고 싶었지만 그녀는
미완성인 채 멀리서 바라볼 뿐

한의 푸닥거리인 양 글도 쓴 그녀는
관능적인 포즈, 자화상에서
말년의 절망감으로 채색된 쓸쓸함을 보이고
지금도 작품 '미인도' 로 가슴 아파한다

저 쪽 벤치에서는 두 연인이
외로움을 모르는 듯 화려한 사랑을…

카림 라시드*, 일상의 페르마타

카림의 쓰임과 아름다움의 섹션으로 초대되어
디지털 왕국에 묻혀 뒹굴고 있는 나는
세상을 시적으로 디자인하는 카림과 협상 중

벽면에는 기하학적 패턴 물고기들이
형광빛에 따라 파노라마 강이 흐르고
천정에는 형형색색 강물이 너울거려
회전목마를 타고 빛물 속으로 사라진다

과감한 색채의 육각형 하우스는
온몸을 꿈틀거리며
카멜레온인 양 색깔이 계속 변하여
신을 벗게 만든다
컬러풀한 디지털 중심에 선 그는
달착지근한 위트와 '넬라 판타지아' 로
그들과 나를 디스플레이하고 있다

그들의 몸이 화려하고 우아한 곡선이라
새콤한 감각덩어리들이 출렁거려

눈 맞추고 쓰다듬으며 의자에 앉아서
판타지의 향기를 더듬는다
가상과 현실이 바뀌어 가는
시각적 유토피아 공간에서
그와 교감交感하며
일상의 페르마타를 즐기고 있다

*이집트 출신, 세계 3대 디자이너 중 한 사람. 가구, 소품 등 자신만의 디자인 철학을 담아 호텔, 대학교, 지하철역 등 건축 프로젝트에 참가하여 대규모 인테리어 디자인을 세계화함.

책가도에서 그의 향기가

책가도冊架圖에도 손이 있다
세월에 흔들리는 긴 손가락이 있다
때로는 부드러우면서
날카로운 정조正祖의 손이 있다

그는 어디선가 멀리서
책상을 어루만지며 흡족해 하고
책을 읽지 못하는 날에는
책가도 그림을 보면서 마음을 만지고
즐기고 있는 모습이 보이는데
책가도의 불가사의한 향기에 휩싸여
모호한 무채색 궁궐에서
달빛을 벗삼아 책 읽는 소리 냄새는
프루스트 효과인가

삼월 푸르른 하늘을
눈물 흘리며 바라본 그는
창덕궁에서 천천히 걸어 나와
어머니와 '정조대왕 능행차' 에 나선다

그 행렬에 나도 함께 걸어 가는데
백성들은 왕을 관광觀光하고
푸른 하늘은 효孝행렬에
눈물을 글썽인다

잠자는 집시

안개처럼 자욱한 정보의 바다
난파된 우린 무엇을 보며
어디로 가야 하나
나를 잃어버리고
하루가 출렁거리는데

물끄러미 바라본다
루소*의 '잠자는 집시' 그림을
까만 집시여인은 달빛을 이불 삼아
황량한 사막 어둔 밤
만돌린, 술병 하나 놓고
풋풋한 미소를 머금고
평온한 얼굴로 잠자는데
내려다보고 있는 사자는
꼬리를 바짝 치켜세우고
오히려 여인의 동징을 실피며
잔뜩 긴장하고 있다

지배자의 권력을 내려놓았는가
둥근 보름달 아래에선
우는 사자도 차마 어쩔 수 없었는가
꿈인지 현실인지
꿈과 현실 사이에서

고요히 홀로
만돌린의 경쾌한 선율에 취해
천상의 꿈을 꿀 때
오늘은 모두
피카소가 따라주는 술을
함께 마시리라

* 앙리 루소(Henri Rousseau) - 19~20세기 프랑스 화가.
관습에 얽매이지 않는 환상과 사실이 교차된 세계를 표현함.
대표작으로 '잠자는 집시'가 있음

흑장미

붉다 못해 검붉은 빛으로
임을 언뜻언뜻 기다리다
입술 타버린 흑장미여

도도하게 순결을 지키느라
애써 가시로 방어하고
함부로 넘보지 못하게
외면하였네

불꽃같은 사랑을
꿈꾸다가 기다리다 지쳐서
정녕 혼자 끙끙 앓아야만 했네
속이 타서 한숨조차 어려워
시름시름 피눈물 흘리며 웅크리고 있는
정열의 꽃
흑장미여!

그곳에서 나를 보았다

돌덩어리가 살아 움직인다

돌덩어리에서 살며시 배어나오는 질박한 미소
옆집에서 자주 보았던 나와 다르지 않은
친숙한 나한의 얼굴들
세속의 욕심과 무거운 감정에 갇힌
내 그림자는 빌딩 숲에서 서럽게 부유한다
나를 돌돌 말아 버리고 싶었다, 던져버리고 싶었다

켜켜이 먼지 쌓인 낱말들이 환청처럼 속살거려
울렁거리고 어지럽다
벽돌 바닥에 글귀들은 엎드려
기쁨과 슬픔, 행복, 두려움, 원망과 분노를 무음으로 토설한다

둥그런 먹물 거울에 고요히 내 안을 들여다보고
빗자루로 내 안의 소용돌이를 싹싹 쓸어내니
기지개 펴며 내가 내 앞으로 걸어 나온다
거기서 내 안의 나를 보았다
잠시 나한 고유의 얼굴은 돌 속으로 사라지고
거기에 나의 미소가 앉는다

고뇌의 어깨에 평온을*

머릿속에서 파열음이 들린다
오른손으로 턱을 괴고 앉아 있는
'생각하는 사람'

'지옥의 문' 에 걸터앉아
처절한 고통 속에서 괴로워하는
군상들을 위한 순례자의 고뇌로
깊은 생각에 잠긴 단테의 모습인가
아니면 자신의 몸부림인가

12월의 춥고 긴 여백 위에
힘들었던 시간은 저 멀리 보내려
차디찬 그 어깨에
실크스카프로 살포시 덮어준다

그와 캔버스, 보호된 공간에서
팔레트에 여러 색을 고요히 뒤섞는다
그의 고통이 붓 끝에 대롱대롱 매달려도
결코 미적인 것을 포기하지 않고

새롭게 마주치고 만나는 교점마다
관계망에 덮여 혼돈을 응시하며 붓질하는
나를 바라본다

더욱이 저기
생각에 잠긴 '금동반가사유상' 이
아니 십자가에서 흘러내린 붉은 빛줄기가
온화한 미소로 따스하게 감싸주는 듯
그 존재의 어깨에 평온이 감돌고 있음을
로댕은 알고 있는지

* 박연숙, 116.8×91.0cm, Oil on canvas, 2018

진노와 라떼

하얀 나비 두 마리
날갯짓과 사랑의 언어로 허공에서 은빛 밀회를 하는데
상아빛 얼음판 위에서 돌연 거센 폭풍
우르르 쾅쾅 세찬 휘몰이로 고막을 자극하고
음산하게 오싹
온몸을 훑고 미끄러지는 순간의 강한 터치
넘치는 급박急拍으로, 숨 막히는 죽음의 공포로 몰아가는데
천천히 아주 천천히 안도의 숨을 고르는 선율
다시 은은한 라일락 향과 달콤하며 부드러운 녹차 라떼 왈츠에
행복감이 정적 속으로 파고 들어오네
악마와 천사와의 도도한 악수가
흘러 내리는 불빛도 부추겨
춤의 도시로 번져 매력이 마력으로 넘치는
유령들의 왈츠
그 숨죽인 획일적인 고적 속에서
온 몸이 전율하는 순간순간들
함성과 오랜 뜨거운 화답으로
아쉬운 작별 인사를 늦추었네
슬프고도 웅장한 왈츠

리스트의 '죽음의 무도'*

무도회는 끝났지만 마음 졸임과 슬픈 시원함이
도라지꽃빛 호흡으로 허공에 넘쳐흐르네

* '죽음의 무도' - 유령들의 무도회 묘사. '진노의 날' 의 변주곡.
김연아 경기음악으로 사용.

금동반가사유상

구리에 금색 옷 입고
머리엔 삼산관으로 연잎이 3장인
국보 83호 금동반가사유상은
가부좌의 반가부좌로
생각에 잠긴 상이다

깨달음으로 적멸의 상태로
공기흐름마저 멈추게 할
고요하고 잔잔한 미소 속에
청청하고 영원한 평화로운 모습의 상징
그 숭엄함에 압도되어
잠시 숨까지 멈추게 하여
내가 없고 나만 있다

로댕의 '생각하는 사람' 은 근육과
힘줄이 보여 좀 긴장한 듯하나
금동반가사유상은
모든 것을 다 내려놓은 자세로
평온하고 자연스러워

흐름선이 넘실대는 치맛자락에
마치 내가 안겨 있는 듯
잠시 모든 번뇌를 잊은 채
우두커니 한동안 서 있는데

저 멀리 수덕사 쇠북소리 들리고
무소유는 나를 질책한다

호텔 그리고 방, 미소

투숙객으로
호텔에서 나흘 머물기로
그것도 닫힌 공간이 아닌
열린 공간 룸에
초대받은 나 그림은

노-오란 수선화 미소로
초록 방으로 성큼성큼 들어오게
그와 진한 캐러멜 마키아토 눈맞춤과
달콤한 피에르 르동 밀어로
여기 방에 오래 머물게 하여
결혼 첫날 살포시 들어서 안아 주듯이
나를 안고 나가
서로 보면서 동거하기를 꿈꾸며
여기 인터콘티넨탈
핑크 아트 페어 호텔 방에서
연인을 기다리고 있다

투숙객인 나는
세상의 모든 첫사랑이 다시 시작되는
핑크의 순간을
햇빛을 데리고 기다리며
분홍치마의 노리개를 매만지고 있다

희망의 침묵으로

모로코에서
아침 커튼을 여는 순간
그리그의 '아침의 정경'을 마시며
애인 발레리나와 완전한 사랑을 꿈꾼다
우리들의 광장은 어디일까
진정한 터는 어디인가
나에게는 광장이 어디에 있는가

사라예보에서 빵을 사려다 총살된 그녀에게
'죽은 왕녀를 위한 파반느' 를
춤곡이지만 춤을 거절하고
처연하면서도 우아한 선율을 보낸다

다시 아다지오로
심장 속 응집된 언어들을 토해내듯
마구 펌프질하며 끌어 올리고 다시 장엄하게
짓눌린 마음과 애끓음을
어루만지고 토닥토닥, 둘은
쓸쓸히 마주보며 미소 짓는다

무악재 넘어 경복궁에서 내려
곤룡포 입고
시간의 길목, 아니 광장에서
족두리 꽃을 머리에 얹으려는데

고요히 옷깃 여미고
지금 어디쯤 가고 있는 건지
어디까지 갈 수 있을까
그리고 어디쯤에서 기다려야 하는지
희망의 침묵으로 걷고 있다

아, 상실의 시대여
빨간 장미 입술에
그대 남은 사랑이라도
방울방울 물고
대롱대롱 매달려 줘요

춘무인 추무의

마티스의 '춤' 보다 더
신명나는 춤이다

추석 마당놀이 보듯
춘무인 추무의* 깃발 든
풍물패 기수 앞세우고
전립 쓰고 꽹과리, 징, 장구, 북, 소고 치며
춤추고 흥을 일으키는 풍물대
광대노릇 하는 잡색들이
농민들과 흥겹게 덩실덩실
무동 타고 있는 어린아이까지 모두 35명이
다양한 춤사위와 들썩들썩한 어깨춤으로
어느새 나도 으쓱으쓱 춤춘다

흥이 나서 어느새
화면 밖으로 뛰쳐나온 그들과 어우러져
둥글고 둥근 마음으로
흥겨운 리듬에 맞춰
춤을 춘다

안위만 살피고
꿈과 악수하지 않는
갤러리 신사복 노숙자에게
저 깃발로 고이 새를 접어
처진 어깨 위에 힘껏 날려 주세

인사동 사람들아
모두모두 모여
집박은 없어도 피리는 없어도
인종을 뛰어넘어 다함께
수박, 참외 넌출 틀어지듯
'춘무인 추무의' 그림처럼
우리 한판 흥겹게 더덩실
둥덩둥덩 놀아 보세나

* 춘무인 추무의(春無仁 秋無義) - 오윤(1985년)작, 종이에 목판 채색으로 직접 춤을 추고 무보를 그리면서 동작들을 연구한 그림으로 '봄에 씨앗을 뿌리지 않으면 가을에 거두어들일 것이 없다' 는 의미.

빌딩 속 달빛 그림자

빌딩 속 도서 타워
로마 원형극장인양 '별마당 도서관'
책들이 별 밤을 지고 있다
하이얀 열두 발 상모를
서서히 서서히 돌리면서
유리벽 이층 사람들 실루엣까지도
훑고 간다
애인이 거기 있다
지금 도서관에 있다
아니 책 속에 있다
별을 보느라 힘줄 선 목에
달빛 그림자만 너울거리는데
달은 사공도 없이 노를 젓는다

산에 오를 수 없는
벼랑 끝 오로라 핑크 꽃처럼
고요히 헐떡거리는 폐지로
떨어지지 않기를…

눈동자만 충성스럽게 돌리는
아, 손이 없는 사람들

제 5 부

상트페테르부르크의 모호한 아름다움

거리의 악사

벚꽃 잎 두어 개
색소폰 악사 머리 위에 숨는다
S역 사거리에
서투른 소리가 더 서럽다
'도와주세요 월세가 많이 밀렸습니다'
깃발은 그 선율로
꽃바람에 탁발하지만
생의 멀미 같은 음률로 굴러갈 뿐이다

사람들은 도다리
광어 눈으로 힐끔 힐끔
주머니에 손을 감추고 지나간다
행인1 나, 행인2, 행인3…
도심의 텅 빈 온기가 공허에 닿는다

상황 2

'낭만적 연애와 그 후의 일상'
안경 쓴 홍안의 청년
지하철 장애인석 휠체어에 앉아
책을 읽고 있다

그 안경 너머에
나의 낭만적인 연애가
기차처럼 지나가버린다

전철에서 내리는 휠체어 뒤에
퀸 오브 로즈 한 송이
만발하다

신전이 된 십자수

억겁의 시간 물고
나이테 휘감아 몸치장하고
먼 하늘에서 파랑을 끌어와
하늘을 들어올린다
종교도 없이 종교적이고
철학도 없이 철학적이다
판단 중지된 고요의 함성
장엄에 입맞춤하는
돌들의 숲 '쿤밍 대석림'

여기는 숭엄한 신화들의 영토
뽐내지 않는 차이의 존재로
그로테스크한 하모니는
어지러운 고동鼓動이다

돌 정글 속
햇빛 품은 초록빛 자락이
숭고를 눕게 해
조화와 부조화의 경계에 선다

다만 석림 속 소수민족 살리족,
오색 꽃술에 감기는 꽃향기로
행복지수를 한 땀 한 땀
십자수 놓으며 노래하는
그 천상의 음률은 공명되어
영혼의 꽃봉오리 만발한다

자연의 승인 받은 그곳은
파르테논 신전보다
더 영롱한 신인묘합의 신전
조화 속의 부조화인가
부조화 속의 조화인가

알마티에서

사할린에서 황무지 동토로 강제 이주된 지 80년
카자흐스탄에 사는 고려인이 10만여 명
대대손손 사과나무를 심고
땅을 일구어 낸 옹이진 삶
햇살 따가운 구월 첫머리
옛 수도 알마티에서 나는 서성이고 있다

질노니 바자르에서 묵묵히 반찬을 다독이며
넌지시 바라보는 그 눈빛에
말없이 눈길을 쓰다듬어 준다
고려인 아주머니들의 흐느낌 소리가
천장 여기저기에 붙어 있는가
가슴을 콕콕 찌르는 이 피의 아픔을
어찌해야 할까
한과 설움의 핏자국이 절절히 흐르는
그 길을 나는 걷고 있는데
아련한 침묵 속에서 울음을 웃음하며
얼굴 모습이 닮아서인지
뺨을 두드리며 예쁘다고 엄지 척 해서
눈물을 삼키고 미소를 보낸다

대구시와 결연을 맺고
명절엔 한복에 떡국, 송편을 먹으며
농악놀이를 하는
카자흐스탄 알마티의 카레이스키
아직도 국적 없이 허공중에 있는 고려인들

바다, 순간 필치

설레이는 기적을 안고
진도를 끌어당기는
신비의 바닷길 여정

잔걸음치는 태양과
기다리는 사람들과의 강강술래로
바닷길이 열리기를
조용한 아우성으로
애타게 애타게 기다리는 마음과
뽕 할머니*의 간절한 기원으로
서서히 서서히
거대한 무지개 곡선으로
바닷길이 열리니
씻김굿으로 영혼을 달래 주었네

삼절필법三折筆法으로 우주의 기氣를 다 토해낸
비백飛白의 초월적인 아름다움, 그 곳에
밀레 〈만종〉의 이삭 대신
조개 줍는 평화로운 정경이

형형색색 털실로 짜 놓은
체코 왕실의 타피스트리인가
알록달록 애기 꽃들의 봄나들이인가

자연과 인간의 조화로움이
천인묘합天人妙合의 경이로움이
바닷길이 열리고 사라짐에
생성과 소멸의 공존이
다시 기적이 된다

* 뽕 할머니 - '진도 신비의 바닷길 축제' 의 주신(主神).
용왕이 뽕 할머니의 기원으로 바닷길을 열어준다 함.

보랏빛 향맥을 듣고 만지다

온통 보라색이
산에 길게 눕고
바람의 손바닥, 사람 옷에 꽃물을 짠다
보랏빛 향맥에 이끌리어
가만히 향기를 듣고 만진다
그리움으로 치장한 보랏빛 라벤더는
초록슈즈 신은 재색才色의 양귀비꽃 데리고
울트라마린 모자와 선글라스 쓰고
보라색 자전거로 보라색을 타고 간다
보리밭과 메밀꽃, 캐모마일 꽃을 스치며 화마火魔 자국 옆
바우지움 조각미술관에
여인네 속살 비치는 레이스 보라 산수국
조각들이 시방 라벤더로 샤워하고 나온 듯
어떤 새뜻한 아우라가
몸을 꺾어 들고 영혼 없이 울린다
신이 빚은 근육질 남성 저 울산바위는
냇물에 살며시 시간을 열람하고 있다
다시금 외옹치 '바다향기로' 흘림체 소나무와
철썩거리며 휘날리는 하얀 도포자락을 삼키는 흰 포말

여인네 둔부곡선 산책로를
천천히 더듬는다

다시 오지 않을 자연과 접화된
내가 없는 온전한 오늘
동치미 막국수와 한방 커피를 마시는데
보랏빛 향기가 스물다섯 줄
가야금에 올라타고
래퍼들은 노래를 한다

대금굴은 그들의 홈타운이다

어둠 속에서 그들과 조우하기 위해
조심조심 물기 있는 지하 계단을
예각으로 내려간다
물줄기를 잉태하고 수직선으로 몸풀기를 거듭하는
스펙터클한 광경이 펼쳐지는데
우람한 폭포가 우레 속에 갇혀 굉음만 흐른다
5억 3천만 년 전의 과거가 소집되어
비밀에 가려진 내면의 세계와
열려진 외부와의 만남이다
바깥 세계는 완전히 차단되고
내부의 물보라가 마중한다
거기엔 물과 함께 상생하는 다양한 형상들로
뮤지컬 무대 같다
금가루를 머금은 종유석, 종유관, 석순, 마리아상,
요구르트빨대 같은 석주, 붓다석, 베이컨시트석, 커튼석,
주름치마 같은 유석, 다랭이논 같은 휴석들과 동굴 생물들은
부조화 속 조화로 존재하고 있다
애벌레는 사람 폭포소리에 겁먹어 눈을 감고 있는가
환자처럼 핏기 없는 희끄무레한 몸이 되었다

그래도 동굴은 그들의 홈타운이다
바닥은 황금빛이 어른거리고
석회석은 각양각색의 인간 세상과 닮은 모양으로
저마다 오랜 세월 몸단장하고
'은하철도 999' 를 보내어
환상과 가상이 아닌 현실로 우리를 유혹한다
아니 유혹 당하고 있는지도 모른다

인간이 동굴에 들어선 순간부터
고향은 변해가기 시작했으리
언젠가 물이 마르면 그들은 성장이 멈춰져
성장 아닌 성장통을 몹시 앓아야 할지도…

상트페테르부르크의 모호한 아름다움

표트르 대제와 귀족들의 여름궁전에서
그리스신화의 주인공들이 귀족인 양 황금 옷으로 갈아입고
품위 있게 멜로디 물방울로
여름휴가를 즐기고 있다

예카테리나 여 대제 2세의 화려한 욕망으로
채집된 300만 점의 작품들
'에르미타쥐' 겨울궁전에서
레오나르도다빈치, 렘브란트, 고야, 루벤스, 피카소는
나의 눈을 크게 하고
선율과 함께 회전하는 황금나무와 황금새는
주체할 수 없는 사랑의 늪이 되었다

유람선에서 바라보는 서로 다른 건축물들 -
네바 강 운하 희생자들의 아픔을 사자상이 달래주는지
푸쉬킨 부부, 도스토옙스키 동상은 아직도 무엇을 생각하는지
알 수 없지만
샤갈은 부인 사라와 함께 곡예적인 입맞춤을 하고
모데스크 무소르그스키는 '전람회의 그림' 에 피아노 옷을 입힌다
볼쇼이 발레단은 오늘도 백조가 되리라

우리는 러시아 노래 '백학' 과
'백만 송이 장미' 의 슬픈 사연을 안다
러시아의 비틀즈 고려인 3세 빅토르 최의 '혈액형'
노래 속에서
다시금 대포소리와 10월 혁명을 반추한다

유럽보다 더 유럽다운 이 도시에서
푸틴은 전설적인 배우 옷을 매만지고
거칠고 날카로운 대사도 자랑스러워하는 이들
거지도 밤에는 옷을 갈아입고 연극을 즐겨 본다는데
백야로 창을 두꺼운 카펫으로 가리지만
뒤척이며 잠 못 이루는,
햇살을 그리워하는 사람들

장엄하며 이해할 수 없는 아름다움으로 다가오는
무어라 이름 지을 수 없는 삶의 슬픔 같은
상트페테르부르크의 모호함을
시방 나는 애써 붓질하고 있다

잔칫상

까치 서너 마리가
벚꽃이 흩날리는 야트막한 언덕에서
오늘의 넓은 잔칫상
낙성대공원 옆 텃밭을
강감찬 장군과 함께
내려다보고 있다
침을 꿀꺽꿀꺽 삼키면서

호미, 삽으로 땅을 일구고
비료와 함께 땅을 갈아엎고
쇠스랑으로 땅을 고르고 촉촉하게 물을
거기에 윤기 나는 자주색 상추, 고추, 샐러리, 케일 모를
심고 물 준다
그들이 좋아하는 무, 비트
씨 뿌리자
깍깍 어깨를 들썩이며 신명 나서
춤출 기세다
민화 '까치와 호랑이' 의 까치처럼
당당하고 환한 미소를 보내며

수고했으니 어서 가라고
감사의 손 흔들며 푸드득
금방 잔칫상으로 날아올 자세다

씨앗의 씨앗은 무망無望이라도
초대 받지 않은 잔칫상일지라도
아기 꽃, 아기 새들과 함께
그래 까치야,
맘껏 즐기려무나

오늘의 연극무대, 교태전交泰殿

파푸아 원주민 머리 장식 깃털이
부드러운 용맹으로 출렁거린다

유럽 오페라극장 2층 관중석인 양 그럴싸한 나뭇가지 아래
무대인 마당에 낙엽 한 장 없이 말끔히 한 후
매일 아침 춤을 연습한다
오직 그녀들을 위해서다

머리엔 까만 어사화인지 살랑거리고
이마엔 형광화이트 반사판이 너울거리고
검은 밍크 블랙과 화이트의 조화는
단아하고 엣지 있는 차림이다
가슴 깃털에는 홀로그램 빛색이 넘실거리는데
남태평양 파랑 물빛과 하늘
타이티 원시림 초록빛과 연두
거기다 발리 바다 속 바나나시크리트 노랑까지
더할 나위 없이 숨 막히는
원색의 고갱 그림이다
핸디캡 이론(Handicap Theory)처럼 역설적으로
저리도 고운데 이리도 불타는데
수컷은 늘 뛰어난 생존력을 과시해야 하는가

도도하게 청소 상태를 점검하고
맘에 안 들면 매양 가버리는
까다로운 여자들
그러다 한 여자가 관중석에 올라와 마당 청소상태를 살피자
청년은 무대에서 춤을
차렷, 인사
좌로 투스텝 우로 투스텝 종 종 종 종
고개를 좌로 우로 까딱 까딱
날개 펴고 뱅그르르 돌며 발레 하는 블랙스완이다
침묵의 바람 춤 요란하고 앙증맞다
오늘의 무대공연이 끝나면 교태전인 관중석으로
여자도 맘에 들었는지
둘이 비엔나 왈츠를
햇살도 바람도 스러지자
나뭇잎들도 덩달아 엎치락뒤치락
어느 한순간 한 몸이
찰나를 위해 많은 시간 속에 빠지는 수컷들
오직 종족 번식만을 위해서일까

그 어디에서도 볼 수 없는 천국의 빛깔
꼬리비녀 극락조다

동백숲 그림자에 꽃비가

동짓달 벌 나비도 없이
붉게 상기된 볼에
더 붉은 색으로 분칠한 동백꽃은
겨울 흑장미인 양 함초롬히 도도한 얼굴로
'라 트라비아타' 비올레타의 가슴과 머리에 앉아
이루어질 수 없는 사랑을 사랑하고 있는가
잔을 들어 '축배의 노래' 라도 부르자

중전 신 씨의 아픈 그리움은
인왕산 바위에 동백꽃 붉은 치마로 눕고
다산茶山 부인 홍씨의
애절함이 밴 여섯 폭 동백꽃 다홍치마는
하피첩霞帔帖 이 되었다

극성맞은 점순이는
알싸하고 향긋한 냄새의
노란 동백꽃에 파묻혀
천생연분의 꽃자리가 되었나
사람들은 분주히 동백섬에 오르락내리락하지만

지심도 갈매기는 꾸룩꾸룩 울어대고
동백숲 외로운 그림자에는
꽃비만 쌓여 가는데

단아한 모습으로 툭 떨어지는
내 몸을 누가 살포시 안아
마지막 숨소리 들어주고
정녕 슬픈 이별의 입맞춤을 해줄는지
쓸쓸히 붉은 와인을 삼키고 있다

고인돌, 신인묘합神人妙合의 멋

너른 잔디밭에 컴포즈 블루 하늘을 받들고 있는
아니 하늘 속에 박혀 있는
강화도 지석묘는
자연과 인간의 오묘한 조화의 극치이더이다

기상과 기백이 넘쳐 용틀임하듯 서 있는
거대한 조각이 고요한 웅장함으로 눈앞에 걸어오는데
가슴 벅찬 뭉클함으로 한동안 화석이 되어 버리더이다

전등사 대웅전 앞마당에 서 있는
경전 같은 모습으로 고인돌은
경전과 함께
그때와 지금의 경계를 무너뜨리고
손잡고 망자亡者를 달래고 있더이다

인위는 자연의 승인을 얻고
자연은 인위의 승인을 얻어
어느덧 질박한 자연이 되어버린 채
정 중 동으로

기운이 생동하여 비상하는 모습
세계 속의 한국미를 비추며 서 있는
청동기 문화의 꽃 고인돌은
건장한 남성이거나 모성적인 여성이거나
불안정한 듯 안정적이며
세련된 듯 소박하고
예스러우면서 현대적이어서
저곳 영국의 스톤헨지보다
그 자태가 빼어나게 아름다운 조각이더이다

자연과 인간이 현묘玄妙하게 접화된
신인묘합의 멋이더이다

별꽃들의 고향

그렇다
떨리며 녹아든
에메랄드와 퍼머넌트 그린 페일 색의
페르시아 융단 깔고
자주, 분홍, 하양, 빨강 별꽃들이
구름을 기다리나, 교동향교 앞에서
이집트 별꽃 펜타스 언니인지
우주 담은 코스모스가
누워서 하늘을 쓰다듬고 있는데

애송이 연초록 나비들은
나비 노래를 모르고
빙하 비취색 비단 치마로
회교도 메블라나 춤을 추는가

꽃별들은
마법에 걸렸는지
레테의 강에서 잊지 못할 사랑에
루비, 다이아, 핑크 사파이어로 공중에
아니 풀밭에 보석인지

젖지 않는 눈물로 다가와
눈을 가리고, 난
온몸에 태양을 받으면서
무위無爲를 마신다

그렇구나
이곳 도심 속 파스텔시티
바닥에도 꽃별들이 툭툭 누워 있다
고향이 어디인지
여기가 고향인지

저기 접시꽃은 목을 길게 빼고
차마, 당신을 바라보다가
그리움에 휘청거린다

지금 여기가 고향인가

에디오피아 예가체프를 기다리며
나는 향수의 향수를 뿌리고 있다

미세먼지

오늘도 미세먼지 맞으며
노랑턱 멧새와 직박구리 새들이 잘도 날아다닌다
우산도 마스크도 없이

경제성장의 세례인가
공장 굴뚝에서 연일 피어오르는 뭉게구름과
줄지어 달리는 자동차들의 긴 한숨과 헛기침으로
부드러운 안개 감옥에 갇히면
있던 풍경을 지우고 전에 없던 풍경을 그려낸다

미세먼지 묻은 고춧가루, 김치와 채소, 식료품들은
연일 산동반도에서 황해를 가로질러 오는
보따리 속 주인공으로
한반도 식탁 균형마저 흔든다
거기에다 메이드 인 차이나 쓰나미에
내가 중국인인지 한국인인지
이제는 미세먼지에 찌든 사람들까지도
한반도 곳곳에 파고들어
경제를 저울질하여
침묵의 어둠이 다가온다

중국이 사과한다 한들
어느 누가 손을 내밀 것인가
오늘도 우리는 미세먼지를 수북이 퍼 담고
불안도 점점 높이 쌓아 올린다
겨울비야 내려라 내려라

겨울비, 진달래 산

파란 하늘빛이 퇴장한 회색빛 오후
겨울비 음률에 취해 분홍 우산을 펴니
아 화사한 진달래 산이
촘촘히 내리는 비에 스며
꽃잎은 비밀의 열기에 젖는다

걸음걸음마다 젖은 시멘트에
툭툭 누워 있는 꽃잎은 어찌하나
현을 고르는 비바람,
천둥벌거숭이의 분홍물 상처는
진분홍빛 그리움의 그림자인가
분홍빛 슬픔의 악보인가

묘비처럼 쓸쓸히 오늘이 젖어 가는데
겨울비 우산 속으로 스며드는
연분홍 첫사랑

작품해설

문명에 대한 통찰과 복합적 상상력의 시학

| 작품해설 |

문명에 대한 통찰과 복합적 상상력의 시학

— 구름과 하이힐과 의자가 만났을 때

조명제
(시인 · 문학평론가)

1

언어의 그림이 시詩고, 시의 언어가 그림일 것이다. 시와 그림은 고래古來로 떼어 놓고 생각할 수 없을 정도로 가깝다. 시와 그림은 그 근원이 같다詩畵同源하였거니와, 중국 북송 때의 시인이자 탁월한 문장가인 소동파蘇東坡는 서예와 그림에도 능통했던 인물로 "시 속에 그림이 있고, 그림 속에 시가 있다(詩中有畵 畵中有詩)"라고 하였다. 시와 음악, 음악과 그림도 서로 불가불리의 관계에 있음은 말할 것도 없다. 옛날에는 선비라면 시 · 서 · 화 · 음률에 능해야 했고, 그들이 그린 문인화엔

화제畫題로서 주로 시문詩文이 씌어졌다. 현대의 시화전은 시와 그림의 친화성과 융합성을 단적으로 말해 주는 것이다. 그렇다 보니, 시인화가도 적잖고, 화가시인도 적잖은 편이다. 이번에 첫 시집을 상재하게 된 박연숙 씨는 화가시인이면서 시인화가로 규정해야 할 만큼 양대 장르에 걸쳐 혁혁하다.

박연숙 시인은 홍익대학교 교육대학원 미술교육과를 졸업한 화가로서, 50여 회의 개인전 및 단체전을 연 중견 화가이다. 특히 해외 전시를 통해 2018년에 '칸느미술제' 에서 최우수상을, 같은 해 '미국독립기념일 순회 개인전' 에서 세계 속의 한국인상을, 2019년 '중국 중심전' 에서는 최우수상을 수상하였다. 화가로서 탁월성을 드러낸 그는 동시에 타고난 문학적 개성을 억제할 수 없었던 듯하다. 2017년 수필로 먼저 등단한 그는 곧 이어 시로 당당히 등단하였다.

시와 그림을 동시에 잘하기는 결코 쉽지 않은 일이다. 그런데 박연숙의 경우, 그의 그림과 시편들을 접하고 보면, 두 개의 분야를 유니크한 개성과 창발성으로 독특하게 형상화하여 관심을 집중시킨다.

머릿속에서 파열음이 들린다
오른손으로 턱을 괴고 앉아 있는
'생각하는 사람'

'지옥의 문' 에 걸터앉아

처절한 고통 속에서 괴로워하는
군상들을 위한 순례자의 고뇌로
깊은 생각에 잠긴 단테의 모습인가
아니면 자신의 몸부림인가

12월의 춥고 긴 여백 위에
힘들었던 시간은 저 멀리 보내려
차디찬 그 어깨에
실크스카프로 살포시 덮어준다

— 〈고뇌의 어깨에 평온을〉 제1~3연

'고뇌의 어깨에 평온을' 이라는 것은 박연숙 시인이 2018년도에 그린 그림의 제목이기도 하다. 이 화제畵題는 서구의 저 유명한 조각가 로댕의 작품 〈생각하는 사람〉을 모델링하여 새롭게 조명하며 재해석하고, 창조적 개성을 덧입혀 예술적 사유의 한 결정結晶을 보여주는 그림이다. 그러니까 석고상처럼 흰색 계통의 보다 세련된 표면 질감의 〈생각하는 사람〉상像에 현란한 한복풍 채색의 실크스카프를 걸쳐 덮어 준 형상의 그림이다. 우선 화려하고 기발한 착상에 매혹될 수밖에 없는 명작이다. 그림의 눈앞 현상에 압도당하게 되지만, 중요한 것은 작가가 시사示唆하고 있는 철학적 메시지이다.

시 작품의 허두 첫 문장을 "머릿속에서 파열음이 들린다"라는 강렬한 표현으로 시작하여 독자를 제압한다. 처음 두 개의

연은 이렇듯 로댕의 조각 〈생각하는 사람〉에서 각인되는 처절한 고뇌의 인상을 당당한 문체로 구사한다. 그리고 제3연에서는, 12월의 춥고 허허로운 여백 위에 "차디찬 그 어깨에/ 실크스카프로 살포시 덮어준다"라는 기발한 발상으로 분위기를 급전急轉시킨다. 그림을 통한 〈생각하는 사람상像〉의 어깨에 실크스카프를 덮어주는 행위는 화가시인의 새로운 창조적 작업의 촉발로서 시사하는 바가 전격적인 것이다.

그와 캔버스, 보호된 공간에서
팔레트에 여러 색을 고요히 뒤섞는다
그의 고통이 붓 끝에 대롱대롱 매달려도
결코 미적인 것을 포기하지 않고
새롭게 마주치고 만나는 교점마다
관계망에 덮여 혼돈을 응시하며 붓질하는
나를 바라본다

더욱이 저기
생각에 잠긴 '금동반가사유상'이
아니 십자가에서 흘러내린 붉은 빛줄기가
온화한 미소로 따스하게 감싸주는 듯
그 존재의 어깨에 평온이 감돌고 있음을
로댕은 알고 있는지

— 〈고뇌의 어깨에 평온을〉 제4~5연

작품의 제4연을 보면, 팔레트에 여러 색을 뒤섞어 〈생각하는 사람〉상을 창조적 개성으로 새롭게 그려가는 역동적 과정을 보여줄 뿐만 아니라, 대상과 그것을 그리는 화가 사이의 혼융된 교감을 드러낸다. 그리고 제5연은 시인의 회화사상繪畵思想과 시사상詩思想이 하나로 결속된 결정적 순간을 압축적으로 보여준다. 인류의 고통스러운 죄업을 십자가의 보혈로 씻어 주는 예수 그리스도와, 중생의 번뇌를 온화한 미소로써 감싸 주는 금동반가사유상으로 로댕의 〈생각하는 사람〉, 곧 고통스러운 '그 존재의 어깨에 평온이 감돌게' 하는 쾌거에 도달한다.

로댕의 조각 〈생각하는 사람〉을 감상하고, 그것을 모델링하여 그리되 화려한 한복 문양의 대형 실크스카프로 차디찬 그 어깨를 감싸 주는, 기발한 패러디의 상상력을 다시 시로 형상화한 작품이 〈고뇌의 어깨에 평온을〉인데, 〈생각하는 사람〉과 '금동반가사유상'의 은연중의 대비는 특별히 주목된다. 여기에서 금동반가사유상이라 함은 우리의 문화유산 국보 제83호를 말한다. 7세기 전반(신라시대)에 만들어진 것으로 추정되는 이 '금동미륵보살반가사유상'은 높이가 93.5센티미터로, 국보 제78호로 지정된 동명同名의 사유상과 함께 천하 명물이다. 반가사유상半跏思惟像은 연화대 위에 앉아서 반가부좌 자세에 오른손을 뺨에 살짝 댄 채 명상하는 모습을 하고 있는 보살불상을 말한다. 국보 83로 지정된 반가사유상은 보관寶冠의 삼면이 둥그스름한 산 모양을 하고 있어서 '삼산반가사유상三山半跏思惟像'

으로도 불리는데, 반달 모양 같기도 하고 연꽃잎의 변형 같기도 한 그 세련된 단순성이 절묘하다. 머리, 어깨, 허리, 다리의 균형이 조화로워야 하는 불상의 균형적 가치는 물론, 온전한 얼굴형과 비할 데 없이 절제된 사유의 표정, 단순 치밀한 선의 감각적 흐름, 표정으로 스며 번지는 미소 등의 조형미는 설명을 하면 할수록 궁색해지는, 전인류적 걸작이다. 나는 로댕의 〈생각하는 사람〉의 사진과 우리의 '금동미륵반가사유상' 사진을 오려 한 장의 종이에 나란히 편집하여, 대학의 강의 시간에 대조하여 보여주며 금동반가사유상이 얼마나 우월한 지를, 그리고 우리 조상들의 미적 감각이 얼마나 탁월한 지를 깨닫게 해 주곤 하였다. 금이 아니라 차라리 금동이었기에 천 년이라는 시간의 더께를 지닌 고태미까지 더해진 '금동반가사유상'은 석굴암의 본존 석불상과 더불어 세계 불상미학의 결정판이다.

박연숙 시인은 로댕의 〈생각하는 사람〉과 견주어 우리의 '금동반가사유상'의 깊고도 장쾌한 우월미를 시사하고 "온화한 미소로 따스하게 감싸 주는 듯/ 그 존재의 어깨에 평온이 감돌고 있음을/ 로댕은 알고 있는지"를 묻는다. 그러니까 로댕이 놓친 정신, 시인 자신의 그림 작품의 의중과 포괄적 사유의 의의를 말해 주는 것이다.

반가상유상의 숨 멎을 듯한 아름다움을 노래한 시인의 〈금동반가사유상〉은 그것의 외상外相이 내장하고 있는 미학적 철학적 가치를 잘 형상해 보여준다.

구리에 금색 옷 입고
머리엔 삼산관으로 연잎이 3장인
국보 83호 금동반가사유상은
가부좌의 반가부좌로
생각에 잠긴 상이다

깨달음으로 적멸의 상태로
공기 흐름마저 멈추게 할
고요하고 잔잔한 미소 속에
청청하고 영원한 평화로운 모습의 상징
그 숭엄함에 압도되어
잠시 숨까지 멈추게 하여
내가 없고 나만 있다

로댕의 '생각하는 사람' 은 근육과
힘줄이 보여 좀 긴장한 듯하나
금동반가사유상은
모든 것을 다 내려놓은 자세로
평온하고 자연스러워
흐름선이 넘실대는 치맛자락에
마치 내가 안겨 있는 듯
잠시 모든 번뇌를 잊은 채
우두커니 한동안 서 있는데

저 멀리 수덕사 쇠북소리 들리고

무소유는 나를 질책한다

— 〈금동반가사유상〉 전문

'금동반가사유상' 이 해외 나들이를 하여 프랑스에서 특별 전시되었을 때, 어떤 관객은 긴 전시 기간 내내, 매일같이 나타나서 바라보며 매료되었다는 일화를 접한 적이 있다. "깨달음으로 적멸의 상태로/ 공기 흐름마저 멈추게 할/ 고요하고 잔잔한 미소 속에/ 청정하고 영원한 평화로운 모습의 상징" 으로 현신한 금동반가사유상의 그 숭엄함에 압도되어 화자는 호흡까지 멎는 순간을 경험한다. 공기의 흐름마저 멈추게 하고, 보는 자의 숨까지 멈추게 하는 반가사유상의 미학적 절대성에 형언을 잃어버린 시인은 "내가 없고 나만 있다" 는 극단적 표현으로 궁색을 대신한다. 이 말은 무엇을 뜻함인가. 그 해명은 불가한 것이다. 있는 내가 없고 '없는 내가 있다' 는 정도의 언술로 대신할 수 있을 뿐이다. 예술혼의 극점에 이른 숭엄 앞에서 오직 대상에 온전히 몰입된, '나 아닌 나' 가 있을 뿐, 실체로서의 '나' 를 망각해 버린 상태를 말하는 것이리라.

제3연에서는, 로댕의 '생각하는 사람' 과 견주어 '금동반가사유상' 이 얼마나 완벽한지, 그리고 "모든 것을 다 내려놓은 자세로/ 평온하고 자연스러운" 그 사유상의 영향이 우리의 영혼을 어떻게 위무하는지를 읊고 있다. 그것은 마치 무아지경의 황홀경, “마치 내가 안겨 있는 듯/ 잠시 모든 번뇌를 잊은 채/ 우두커니 한동안 서” 있는 상태를 만들어 버린다. 프랑스에서 전시 기간 내내 매일같이 찾아와서 넋을 잃고 바라본 그 사람도 아마 그랬을 것이다. 이 ‘금동반가사유상’을 알아야 앞에서 살펴본 〈고뇌의 어깨에 평온을\〉이라는 작품의 심대한 의의와 가치를 이해하게 될 것이다.

2

화가시인 박연숙의 작품에는 유수한 화가와 디자이너들의 그림을 텍스트로 삼아 시로 형상한 것이 상당수 있다. ‘1959년 런던 왕립예술대학에 진학하여 팝아트 운동에 가담한’ 영국의 화가 데이비드 호크니(David Hockeny)의 서울 전시전을 보고 쓴 〈움직이는 초점〉, 천경자전展, 이집트 출신의 세계적 디자이너 카림 리사드의 디자인 세계, 정조正祖 시대에 유행했던 ‘책가도冊架圖’, 최정화의 설치미술 작품, 프랑스의 화가 앙리 루소(Henri Rousseau)의 그림(〈잠자는 집시〉) 등은 그 대표적인 사례라고 할 수 있다. 유니크한 화가로서 그림을 비롯한 조각, 디자인, 설치미술 같은 다른 작가의 작품세계에 대한 해석과 감상이 탁월한 것은 당연한 일인지도 모른다. 그렇더라도 그러한 작가나 작품들의 미학적 특질을 시 작품으로 다시 형상화한다는 것은 별개의 자질일 수도 있다.

고독한 슬픔이 깃든 방에서
숙명적인 한恨이 서린 여인들이
나직이 응시한다
저리도 슬프고도 달콤한 한이 그녀의 삶이었을까
꽃이니 뱀이니 머리에 얹은 것도 한이런가
어쩔 수 없는 한
지울 수 없는 한
한을 통해 신명을 부르는
짙푸른 음영의 커다란 두 눈에서는
젊은 날의 슬픈 기억들이 비쳐 나온다

작품 '생태' 에서 그녀는
수 십 마리 뱀을 그려놓고
성냥개비를 놓아 세어보니 33마리라
여기에 사랑하던 뱀띠 남자 나이와 같은 35마리로 그려
신비한 생명력이 미감美感에 감전되어
고통과 아픔을 발효시켰다

— 〈화려한 고독과 한恨〉 (서울시립미술관 '영원한 나르시시스트, 천경자') 제1~2연

뱀을 머리에 두른 '미인도' 를 비롯한 천경자의 슬프고도 환상적인 그림을 우리는 얼마나 사랑했던가. 화가시인 박연숙은 천경자의 그림에서 고독한 슬픔의 숙명적 한恨을 "짙푸른 음영의 커다란 두 눈" 으로 압축해 보여준다. 무표정한 듯 가이없는

슬픔의 무게로 감전되어 오는 천경자의 신비한 채색 그림 속의 여인들, 그것은 천경자의 자화상인 동시에 예민한 보편적 인간의 초상화라 할 것이다. 시인이 짚어 낸 〈생태〉라는 작품의 일화는 화가 천경자의 비극적 정열을 극단으로 밀고 간 운명적 현실이었으리라는 상상을 하게 한다. "한의 푸닥거리인 양 글도 쓴 그녀는/ 관능적인 포즈, 자화상에서/ 말년의 절망감으로 채색된 쓸쓸함을 보이고/ 지금도 작품 '미인도'로 가슴 아파한다"라는 제6연에서 보듯, 시인은 천경자의 운명적 기질과 그림의 특성을 정교하게 짚어 낸다.

시인의 그 같은 감각적 시선의 표현은, 프랑스의 화가 앙리 루소의 대표작 〈잠자는 집시〉를 그대로 제목 삼아 쓴 작품에서도 명쾌하게 드러난다.

물끄러미 바라본다
루소*의 '잠자는 집시' 그림을
까만 집시여인은 달빛을 이불 삼아
황량한 사막 어둔 밤
만돌린, 술병 하나 놓고
풋풋한 미소를 머금고
평온한 얼굴로 잠자는데
내려다보고 있는 사자는
꼬리를 바짝 치켜세우고
오히려 여인의 동정을 살피며

잔뜩 긴장하고 있다

지배자의 권력을 내려놓았는가
둥근 보름달 아래선
우는 사자도 차마 어쩔 수 없었는가
꿈인지 현실인지
꿈과 현실 사이에서

— 〈잠자는 집시〉 제2~3연

앙리 루소의 그림 〈잠자는 집시〉의 정황을 사실적이면서도 정곡을 찌른 해석적 형상에 독자들도 바로 실감하게 될 성 싶다. 황량한 사막의 어두운 밤, 푸르스름한 하늘에는 둥근 달이 선명한데, 피곤에 지친 가무잡잡한 집시 여인은 채색 줄무늬의 양탄자 하나 깔고 잠이 들어 있다. 채색 줄무늬 원피스를 입고 잠든 집시여인의 곁에는 만돌린과 술병[물병]이 놓여 있고, 당당한 체구의 갈색 수사자가 내려다보며 그녀의 냄새를 맡고 있다. 사자는 위협적이기보다는 아주 조심스러워 보이며, 오히려 시인의 표현대로 "잔뜩 긴장하고" 있는 것이 온몸과 치켜세운 꼬리에서 감지된다. 수사자의 풍성한 갈기는 앞쪽으로 부드럽게 쏠려 있으나, 까만 눈동자에 노랑색의 작고 동그란 눈과 삐죽한 코 부분은 사자답지 못한 편이다. 사막의 사자를 많이 그린, 당대의 대표적인 화가 장-레옹 제롬(1824~1904)의 사실적인 사자 얼굴상과는 크게 다른 부분이다.

아무튼 이 환상적이고 사실적인 그림에서 사자가 깊이 잠든 집시여인을 잡아먹지 않고 오히려 긴장하는 눈빛과 근육의 흐름을 보여주는 것이 특색이다. 시인은 "풋풋한 미소를 머금고/ 평온한 얼굴로 잠자는" 집시여인의 천진성에서 그 해답을 집어 내고 있다. 좀 꾀죄죄하긴 하지만, 사막의 달빛을 이불삼아 평화로이 잠든 집시여인의 표정은 위협이 범접할 수 없는 순진무구의 지경에 이르렀다. 황량한 사막의 달빛 아래 잠든 까만 집시여인과 사자의 맞닥뜨림이라는 충격적 장면이 차라리 시적인 풍경을 만들어 낸다. 시인은 그 같은 극적이고 시적인 정황을 여지없이 결속하여 보여준다. "지배자의 권력을 내려놓았는가/ 둥근 보름달 아래에선/ 우는 사자도 차마 어쩔 수 없었는가/ 꿈인지 현실인지/ 꿈과 현실 사이에서"(제3연)라고.

이 시의 제1연은 넘치는 정보화의 시대에 난파된 우리는 무엇을 보며 어디로 가야 하는지, '나를 잃어버리고' 출렁거리는 정보의 물결 속 막막한 상황에서 만난, 인상 깊은 전시展示였음을 말해 주고 있다. 우리의 삶이 예술이 되기 위해서는 인간이 주인이 되고 내가 주체가 되어야 하는데, 그렇기는커녕 타인[정보]에 침해당하며 이외성을 상실한 때에 만난 앙리 루소전의 「잠자는 집시」를 시인은 시의 제2연 첫 행에서 "물끄러미 바라본다"라고 했던 것이다. 시인의 바라봄은 예例의 그 집시여인처럼 "만돌린의 경쾌한 선율에 취해/ 천상의 꿈을 꾸는" 환상적이고 의외적인 충격에 사로잡힌 환희였던 것이다.

하얀 나비 두 마리
날갯짓과 사랑의 언어로 허공에서 은빛 밀회를 하는데
상아빛 얼음판 위에서 돌연 거센 폭풍
우르르 쾅쾅 세찬 휘몰이로 고막을 자극하고
음산하게 오싹
온몸을 훑고 미끄러지는 순간의 강한 터치
넘치는 급박急拍으로, 숨 막히는 죽음의 공포로 몰아가는데
천천히 아주 천천히 안도의 숨을 고르는 선율
다시 은은한 라일락 향과 달콤하며 부드러운 녹차 라떼 왈츠에
행복감이 정적 속으로 파고 들어오네
악마와 천사와의 도도한 악수가
흘러내리는 불빛도 부추겨
춤의 도시로 번져 매력이 마력으로 넘치는
유령들의 왈츠

— 〈진노와 라떼〉 전반부

박연숙의 시는 여느 여성 시인들의 문체와는 달리 아주 당당하고 박진감 넘치는 것이 가장 큰 특징이다. '슬프고도 웅장한 왈츠' 로 규정한 리스트의 〈죽음의 무도〉의 작품 세계를 그린 〈진노와 라떼〉는 박 시인의 박진감 넘치는 문체적 특성을 압도적으로 보여주는 작품이다. 리스트의 〈죽음의 무도〉는 김연

아의 피겨스케이팅 경기 음악으로도 사용된 곡이라 음악에 조예가 있는 사람들에게는 잘 알려진 작품이다. 작자가 주석해 놓고 있듯, 이 〈죽음의 무도〉는 유령들의 무도회를 묘사한 곡으로 원래 〈진노의 날〉의 변주곡이다. 〈진노의 날〉은 13세기부터 불린 라틴어 찬송가로 가사는 강약격 운율의 중세 라틴어 시인데, 구원받을 자들은 천국으로 가고, 구원받지 못할 자들은 영원한 불길 속으로 던져지는 심판의 날 나팔소리를 묘사하고 있다. 후세의 많은 작가들이 이 가사를 위한 음곡을 지었는데, 모차르트, 베르디의 곡이 유명하다.

시인은 이 왈츠 음악의 환상성과 격동성, 완급미와 급박감, 부드러움과 음산함 등을 박진과 이완의 유연한 조절로 완수해 간다. 마치 악곡의 흐름 자체인 양 왈츠의 핍진성을 형상화하여 줌으로써 환상적이고 격정적인 무도舞蹈, 혹은 피겨스케이팅의 순간적 장면 장면들을 그대로 연상케 한다. 왈츠의 곡을 주제로 삼아 시로써 실제 왈츠의 장면을 동시에 펼쳐 주는 '온몸 전율'의 효과를 보여준다. 박연숙 시인은 미술뿐만 아니라 음악에도 조예가 깊은 듯, 그의 작품에는 음악이 소재가 되거나, 음악적 용어가 심심찮게 등장한다. 그는 서예가까지 겸비한 시인으로서, 옛 선비들이 이상적 인간상으로 여겼던 시·서·화·음률에 두루 능통한 시인임을 거듭 확인하게 된다.

화가시인인 박연숙의 시를 이해하기 위해서는 그의 회화繪畵 세계를 잠시 살펴볼 필요가 있다. 앞에서 〈고뇌의 어깨에 평온을〉이라는 작품을 통해서 박연숙 회화의 특색의 일단이 드러난 셈이지만, 그의 그림은 사뭇 도발적이고 이외적이며, 초현실적이다. 우선 그의 그림의 오브제들은 태권브이나 슈퍼맨을 비롯한 로봇인형들이 한 축을 이루고 있다. 작가는 이 기이한 캐릭터들에게 오방색을 비롯한 화려한 채색의 우아한 비단 한복을 입히거나, 때로 밍크털옷을 걸쳐 준다. 〈접화군생 미인〉, 〈팬지로봇 미인〉, 〈대교약졸미인大巧若拙美人〉, 〈신인묘합미인神人妙合美人〉 등에서는 화관이나 떨잠장식을 그려 넣기도 한다.

슈퍼히어로 캐릭터 로봇인형에 황홀한 비단 한복을 입히는 발칙하고 엉뚱한 상상력은 경기도 여주 고달사지高達寺址의 고려초 원종대사탑비元宗大師塔碑 받침돌이 거북의 몸에 용머리를 하고 있는 것만큼이나 하이퍼적이다. 강력한 힘의 상징으로 인식되어 온 영웅 캐릭터들은 졸지에 화사하고 부드럽고 풍성한 한복을 입은 해학적이고 희극적인 모습으로 작동한다. 박연숙의 회화세계를 논평한 미술평론가 최광진은,

> 박연숙의 작품에 등장하는 기이한 캐릭터들은 이러한 슈퍼히어로들의 인형에다가 아름답고 우아한 한복을 입히고, 그것을 캔버스에 유화로 꼼꼼하고 정성스럽게 옮겨 그린 것이다. 때로는 프리다 칼로나 천경자 같은 여성 작가들의 자화상에서 흔히 볼 수 있는 화관을 그려 넣거나 떨잠장식을 하고 수를 놓듯이 꿰매기도 한다. 그래서 강력한 힘으로 세상을 호

령하던 영웅들은 졸지에 화사하고 우아한 한복을 입은 해학적이고 우스꽝스러운 모습으로 연출된다. 주먹을 불끈 쥐고 당당한 모습으로 서 있는 로봇태권브이가 화사하고 우아한 여성의 한복을 입은 모습이란 희극적이고 아이러니하다. 그들은 신윤복의 미인도처럼 전통 초상화 형식을 따르기도 하고, 현실이나 가상의 공간을 활보하기도 한다.

— 최광진, 〈남성적 힘과 여성적 감성이 어우러진 '美인' 상〉(2015년 박연숙 전시 화집 'OXYTOCIn 그 너머' 에서)

라고 명쾌하게 해명한다. 박연숙이 즐겨 그리는 또 다른 대상의 그림은 일종의 풍경화인데, 그의 풍경들은 물론 질서정연한 자연현상을 거부한 환상적 충돌과, 분절적이며 집합적 이미지들로 가득하다. 〈Sequence〉, 〈일상의 페르마타〉, 〈춤추는 별을 낳기 위해〉, 〈마그리트와 로봇〉, 〈지금 이 순간 행복하기로〉 등이 그 대표적인 예에 속한다. 이들 풍경 속에는 전혀 엉뚱한 사물들이 자유롭게 배치돼 있는데, 이 의외적인 사물들은 그 본래의 의미를 깨어버린 오브제로서 비논리적 집합구성을 형성하고 있다. 즐겨 사용된, 풍경 속의 오브제로는 탁자, 의자, 액자, 가방, 모자, 조롱鳥籠, 시계, 핸드백, 우산, 접시, 찻잔, 하이힐, 로봇인형 등 다채롭다.

〈마그리트와 로봇〉은 20세기 벨기에의 초현실주의 화가 르네 마그리트(1898~1967)의 유리 와인 잔에 흰구름이 넘치게 담겨 있는 그림을 먼 산이 보이는 초원 위에 꽉 차게 옮겨 놓고, 박연숙 작가가 즐겨 그려 온 화려한 의상의 로봇 캐릭터 둘이서 아득한 흰구름에 줄을 걸어 연鳶줄을 당기듯 하고 있는 형상의 그림이다. 이쯤 되면 박연숙 회화의 초현실주의적 성향과 이질적 오브제들의 분방한 조합, 비논리적 비대칭적 집합 등의 폭발적 상상력을 짐작할 수 있을 것이다. 박연숙의 풍경 속에는 피자 접시가 있는 식탁 위의 하이힐에 꽃이 잔뜩 꽂혀 있고, 수목의 줄기나 잎사귀에는 인상人相과 채색의 핸드백이 그려져 있으며, 요가를 하듯 뒤쪽으로 수평을 한 다리 옆으로 팔을 짚고 고개를 뒤로 잔뜩 젖힌, 묶은 머리의 아가씨가 흰구름 위에 떠 있기도 하다(〈일상의 페르마타〉).

푸른 초원 위에 장식성이 두드러진 붉은 하이힐, 손지갑, 등받이가 높은 세로줄 무늬의 채색 의자와 컵, 채색의 부채를 들고 흰 모자를 쓴데다 화려하고 풍성한 복장을 한 역동적 포즈의 로봇 캐릭터 여성, 그리고 흰구름이 펴진 푸른 하늘에 뜬 황홀한 채색의 우산이 자유로운 구도 속에 놓여 있는 그림 〈지금 이 순간 행복하기로〉는 초현실적 환상성과 신비주의의 극치를 보여준다. 이 작품과 함께 걸작으로 판단되는 것이 〈순간 낯섦에서 오는 Gesture〉라는 그림이다. 역시 너른 잔디 초원 위에 하이힐, 장식된 가방, 희화된 캐릭터, 화려한 꽃컵들로 완성된 큰 의자, 그리고 흰구름의 푸른 하늘에 걸려 있는 그림 액자로 구성된 작품인데, 이 고급 액자의 그림은 앞에서 감상한 〈일상의 페르마타〉를 옮겨 담고 있다.

초현실주의 화가들이 대개 그렇듯 친숙한 대상을 생소한 배경에 배치하거나, 조합함으로써 보는 이들의 현실 감각을 뒤흔들어 충격적이고 신비주의적인 환상의 세계를 경험하게 한다. 일찍이 초현실주의 그룹은 무의식의 세계에 도달하기 위하여 이른바 자동기술법과 데페이즈망 기법을 창안했었다. 현대시의 중요한 기법으로도 강조되는 데페이즈망은 사물을 일상적인 환경에서 추방하고 이질적인 환경에 배치시키는 충격 효과를 노리는 기법이다. 사물의 원래 의미, 즉 실용적인 성격을 배제하고, 관객들의 고정관념이나 상식에 의문을 제기하게 만들어 감각적 심층부에 충격을 주는 것이다. 박연숙 시인의 회화세계에 대해서 다소 진지하게 짚어 본 것은 그의 회화가 보여주는 색채의 향연과 초현실주의적 환상성의 상상력이 그의 시 작품에도 적용되고 있는 특성이 가볍지 않기 때문이다.

3

초현실의 환상적 상상력과 화사한 색채미학의 분절적 다층적 조합의 폭발력을 보여준 박연숙은 시작詩作에 있어서도 색채미학의 심층적 반응을 십분 발휘한다.

생살 찢고 뒤꿈치 들어올려
얼굴 쏘옥 내미느뇨
초록빛 그러데이션 카펫 위에
분홍빛 줄무늬 쓰개옷 입고
노오란 떨잠 장식으로
달빛 향 쏟아내며
한낮에 달마중 왔느뇨
저리도 고운데
가녀린 허리 살랑살랑 흔들며
누굴 보러 왔느뇨

주체할 수 없는 외로움에
하얗게 떨며
머리에 기름 발라넘긴 별
반도네온 울리면서 내려와
축 처진 연분홍 낮달맞이꽃
얼싸 안고 탱고 춤추며
보카* 달빛 속으로 가려느뇨

— 〈한낮 달마중〉 전문

2연 17행의 작품인 〈한낮 달마중〉에는 '초록빛, 분홍빛, 노오란, 하얗게, 연분홍' 등 다섯 가지의 색채어가 쓰였고, 그러데이션까지 합치면 여섯 가지가 된다. 시인은 색채어를 사물의 이미지와 결부시켜 현상과 의미의 시적 표현 효과를 극대화하려는 것으로 보인다. 달맞이꽃은 노랑색 꽃만 있는 게 아니라 종류에 따라 연분홍색도 있다. 이름은 달맞이꽃이지만 한낮에 피는 달맞이꽃을 '줄무늬 스개옷', '떨잠 장식' 으로까지 치장한 의인화를 통해 입체적 상황을 조성해 낸 것이다. 낮달맞이꽃의 개화 과정을 요염하게 묘사한 후 시인은 대상의 '주체할 수 없는 외로움' 을 단초로 탱고의 고장 아르헨티나의 보카까지 그 상상력을 확대시킨다. 반도네온의 애절한 음률 속에 '머리에 기름 발라넘긴 별' 의 연분홍 낮달맞이꽃 탱고 춤과 보카의 달빛이 결속되는 순간이다. "주체할 수 없는 외로움에/ 하얗게 떨며"라는 표현이 보여주는 색채 이미지의 적합성은 색채와 사물 인식의 문제를 새삼 환기시킨다.

> 커다란 열정이 산을 태운다
> 순간 그 산이 내 몸에 안긴다
> 울트라마린 블루빛 바다도 꿈틀거리며
> 배롱나무 요요姚姚한 핑크빛 물도 쏟아질 듯
> 얼굴을 붉히고 있다
>
> — 〈한여름의 누드〉 제1연 후반부

> 파쇼나토와 알레그로
> 장밋빛 정열과 마조렐 블루빛 이상
> 이글거리는 태양을 가슴에 품고
> 청록색 꿈을 향하여 직진했지
>
> — 〈거꾸로 가는 기차〉 제1연

보라빛깔 꽃잎을 하나씩 직조하여
오월을 엮어 행성을 짠다
〈중략〉
군데군데
열정을 쏟아 붓는 요요한 빨간 양귀비
살랑살랑 흔들어대는 허리에
이끌리어 행성으로 소풍간다

지구와 행성들의 환상적인 하모니
보랏빛, 빨간빛 꽃물 든 꽃잠자리
감춰둔 '신세계 교향곡' 마시며
천상의 무아를 맴돈다

— 〈우주, 알리움〉 부분

핑크화이트 꽃잎 위에 코발트바이올렛 꽃인가
코발트바이올렛 꽃 위에 핑크화이트인가

— 〈미스티블루〉 제1~2행

이것은 지극히 몇 안 되는 보기에 지나지 않거니와, 박연숙 시에서 색채 이미지는 폭 넓게 자리잡고 있다. 사실 우리가 사물을 인지한다는 것은 명암과 색채에 의지하는 바가 크다는 점을 이해할 필요가 있다. 색은 모든 디자이너에게 있어서 무한대의 조합으로 사용할 수 있는 복잡한 도구로 풀이된다. 몇 가지 정해진 규칙과 그에 따른 현상들을 배울 수는 있으나 그런 것이 일률적으로 적용되지 않을 뿐만 아니라, 오히려 그러한 규칙을 지키는 것과 동시에 반대로 깨뜨리면서 생기는 의외의 효과들까지도 포함한다. 박연숙의 시가 "지구와 행성들의 환상적인 하모니" 〈우주, 알리움〉로 육박해 가는 것도 그같은 미학적 가치를 기반으로 하고 있기 때문이다.

〈미스티블루〉의 경우, 1940년대의 흑백 고전 영화 〈애수哀愁〉의 아름답고도 슬픈 이별의 장면을 미스티블루 특유의 이미지로 형상화한 것이다. 미스티블루는 색깔이 블루라기보다는 보랏빛의 꽃으로, 자잘하게 다닥다닥 붙어 있는 것이 특징이다. 그 색상의 미묘함을 허두에서 "핑크화이트 꽃 위에 코발트바이올렛 꽃인가/ 코발트바이올렛 꽃 위에 핑크화이트인가"라고 나타내려 한 것이다. 안개 낀 워털루 다리에서의 이별, '올드랭 사인' 음률을 배경으로 한 흑백의 영상 장면은 겨울 수묵화로 번져 오지만, 보라색 꽃에 눈이 내린 것 같은 느낌의 자잘한 꽃 미스티블루의 이미지로 '청초한 사랑의 슬픔'을 배가시키고 있는 것이다.

> 씻고 씻기를 정성만큼이나 큰 숫자로 하여
> 쑥 향은 파도 되어 흐르고
> 마침내 쑥설기, 쑥버무리를
> 우주 속 노-랑으로 드로잉했네
>
> 친정어머님의 아련한 황토색과

동생 댁의 청록색 손길과
연분홍 마음이 잘 버무려진
애틋한 쑥설기 향을
오롯이 만지노라면
두 여인의 얼굴이 얼비치면서
오묘함으로 퍼덕이고 번지네

— 〈쑥 향을 만지다〉 제3~4연

색채 이미지의 형상적 조합이 현저하게 드러나 있다. 색에 관련된 연상과 상징이 실제 생활에서 접하게 되는 현상으로 설명될 수 있음을 보여준다. 우리는 다양한 생활체험의 축적 안에서 색채와 연결된 기억을 쌓아 간다. '쑥 캐는 막내동생 댁의 청록색 자태' 와 '친정어머님의 아련한 황토색' 그리움이 표상하는 연상적 색채 이미지는 박연숙 시인의 색채 상징의 한 전형을 이룬다. '붉은 눈시울 같은 노을을 뒤로 하고' '애틋한 쑥설기 향을/오롯이 만지노라면' 어머니와 막내동생 댁의 얼굴이 얼비치는 위로 화자인 내가 보인다. 시인은 쑥 향을 냄새 맡는 게 아니라 만진다고 표현한다. 과거에 흔히 써 온 '문향聞香' 과 같은 이법일 것이다. 사랑과 그리움의 감각적 표현이 보다 두드러진 실감으로 다가오는 것은 그 같은 방법적 진술의 효과 때문이다.

어머니에 대한 '황토색 그리움' 은 〈침묵의 꽃, 등판〉, 〈겨울 식탁〉 같은 작품에서 간절하게 형상화되어 나타난다.

엄마 등에서
부엌 일, 시장도 가고
아플 때는 따개비처럼
등에 착 달라붙어
눈물도 아픔도 사라지게 한
달착지근한 엄마의 꽃 등판에서
모차르트 음악보다
오르골 자장가보다
엄마 음성으로 들려주는 구성진 가락에
스르르 잠들었던 그 어린 시절

짓눌리고 뭉개지는
아픔을 삭이고
수도자처럼 고뇌를 삼켰던
고통도 연민도 앉을 자리가 없는
봄볕처럼 따사로운
숭고의 꽃, 그 등판이
굽은 언덕 꽃자리가 되었네요

— 〈침묵의 꽃, 등판〉 제2~3연

시골의 어머니는 틈만 나면 황토밭에 나가 일을 한다. 쪼그리고 앉아 김을 매거나, 허리 구부려 고추를 따거나 한다. 긴 사래밭을 그렇게 훑어 갈 때, 칠팔 남매가 예사였던 당시 자식 중 누구 하나는 어머니의 그 등판에 매달려 있기 십상이었다. 땀내 나는 황토색 이미지의 그리움은 그렇게 해서 생겨난 것이리라. 논밭에서만의 일이 그러할까. 시인은 〈침묵의 꽃, 등판〉의 첫 머리에서 "매일/ 엎드려 사는 것이 일상이고/ 온몸이 등판인/ 침묵의 꽃, 저울처럼"이라고 적고 있다. 우리들 어머니의 운명적 일상이 축약되어 있는 대목이다. 자식 걱정만 하다가 "이젠 꽃별이 되어 닿을 수 없는/ 시간 속으로 멀리" 떠나버린 어머니, 다시는 만날 수 없고, 뒤늦은 효도마저도 할 수 없게 된 슬픔이 "별빛이 바람에 아롱거리는" 밤, 화자는 쓸쓸히 아포카토와 칵테일 블루하와이를 당기며 상념에 젖는다.

상큼한 봄동 겉절이를
파릇한 봄 향취와 황토색 그리움을 한데 섞어
매실, 액젓, 양념과 버무리고
김장 호박김치도 한 보시기 꺼내
뚝배기에 들기름, 물을 자작하게 붓고
끓여서 식탁에 놓는다
파래김은 살짝 굽고
쌀뜨물에 담가 논 보리굴비는 찌고
좋아하시던 팥밥 한 공기 떠놓고 기다린다
아 새색시 저고리 같은 노랑 프리지아도
엄마 진지 드세요
얼른 오세요 식어요

— 〈겨울 식탁〉 중간 부분

어머니의 황토색 그리움은, 계절을 가리지 않고 철없이 나는 봄동, 달래를 비롯한 나물과 채소들로 정성스레 요리하고, 보리굴비, 파래김, 팥밥을 마련하여, 하늘에 계신 어머니를 오시라 하여 드리게 한다. "서울로 막 시집간 딸 보내며/ 동구 밖 언제까지나 손 흔들며 눈물 훔치시던/ 엄마도 오늘은 살포시 얼굴을 내미신" 겨울이다. "엄마의 사랑을 넘치도록 받기만 했을 뿐/ 사랑을 다하지 못했던 아픔에/ 내가 울면서 간다"라는 대목에 이르면 어머니에 대한 그리움과 불효가 가장 근원적인 인간의 현상임을 공감하게 된다. 절절한 그리움에 어머니도 응감하시듯 "물끄러미 보시고는/ 이제 우리 딸 제법이네"하시고, "눈송이 같은 작은 미소와/ 그윽한 눈빛이 겨울 식탁에/ 포근하게 아롱거리며 퍼진다/ 대답은 없으시고/ 첫눈처럼/엄마의 손길만 고요히 잠시 앉았다 가신다". 어머니에 대한 그리움의 환상이다. 그 그리움의 환상 속에서 화자의 마음은 "외로이 울고 있는 녹차 물"로 전이되어 나타난다.

4

나와 나 그리고 나
세 여자가 혼재된 나
나는 항상 그들과 다이렉트로 인터뷰 한다
중심을 잃고 흔들리는 그 여자의
대책 없는 흐느적거림으로 가끔

휘청거리곤 한다
또 다른 눈앞에 비문증처럼
가는 곳마다 따라다닌다
초자아超自我 그녀는 반가사유상처럼 앉아 있다
그녀는 미묘한 감정도 다독이며
살갑게 굴어서 더 얄밉다
목마름의 갈증을 그는 아시나요
청아하고 푸르게 걸어간다

— 〈디렉트 인터뷰〉 전반부

박연숙 시에서 특별히 주목되는 것은 사물에 대한 혁명적 인식과 존재의 심연을 들여다보고 천착해 간 내면 미학의 성과이다. 〈디렉트 인터뷰〉의 경우, 자아의 심층적 내면세계를 특이한 화법으로 형상해 낸 것이다. 보통 주체인 '나'는 또 다른 '나'를 가지고 있다고 말한다. 그러나 실은 "나와 나 그리고 나 / 세 여자가 혼재된 나"에서 말하고 있듯, 정신분석학에서 '나'는 '이드, 초자아, 자아'의 삼각 체계를 이루고 있다는 것이다. 인간의 복잡한 심리적 분화는 그 이상으로 확대되는 것이지만, 간사함을 뜻하는 한자 '姦'자의 구조처럼, 크게는 이 세 가지 국면으로 수렴된다고 할 수 있다.

프로이트의 메타심리학적 관점에서 '이드'는 인간이 지니고 있는 원초적인 본능의 저장고이며, 비유적 의미에서 그 힘 자체를 지칭하기도 한다. 개인의 무의식 속에 선천적으로 가지고 있는 본능적 에너지의 원천인 이드에 의해 '자아'와 '초자아'가 분화되어 나오지만, 이드는 다시 초자아와 자아에 의해 통제받게 되는 원욕原慾이다. '초자아'는 이드와는 반대로 욕망의 실현에 대해 무조건적으로 금지를 명령하는 힘이다. 그리고, '자아'는 이 두 국면의 난폭한 힘을 제어하고 조절해 냄으로써 자기 영역을 확보하는 것이다. 이 인간적 주체성의 분화와 갈등은 모든 인간관계와 사물 인식, 그리고 예술 창조의 원초를 이룬다.

박연숙의 〈디렉트 인터뷰〉는 이같은 메타심리학적 체계보다도 더 흥미롭고 실체적인 이미지로 형상해 낸 감이 없지 않다. '(원초적 욕망으로) 중심을 잃고 대책 없이 흐느적거리는 나[이드]'와 '얄밉도록 살갑게 굴며 목마른 갈증, 미묘한 감정도 다독여 버리며 반가사유상처럼 엄숙히 앉아 있는 나[초자아]', 그리고 '촉각을 자극할 피카소 화풍의 스카프를 어깨에 걸치고, 모나코 왕비 그레이스 켈리처럼 우아하게 걷는 나[자아]'의 형상은 생동감이 넘치는 혁명적 인식의 결과물이다. 초현실주의적 화풍畵風과 작시作詩의 기저를 이루는 시인의 특성을 읽을 수 있는 작품이라고 하겠다.

나와 개체는
뉴스와 정보를
읽지 않고 그냥 본다

네이버 바다에서
각종 정보가 헤엄쳐 나온다
검색하고 계속 링크하다가
풍덩 빠져서 허우적거리기도 한다

— 〈포노 사피엔스, 아르카익 미소〉 제2연

주체의 분열은 '나와 개체' 라는 인식의 양면성 혹은 다면성의 심리적 특성을 가지며, 첨단기기화되어 가는 신문명적 존재로 자리잡아 간다. 모든 일상에서 '웹에서 주문 결제한' 물품을 픽업하고, 폰 영상 매체로 보는 뉴스와 정보의 바다에 빠져서 허우적거린다. '나와 개체' 는 국제적 온라인 쇼핑 중개 전자상업회사인 "쿠팡, 알리바바, 아마존에서/ 쇼핑 직구하고 / 고졸한 아르카익 미소를 만든다". 시인은 '나와 개체' 를 어느 새 '나와 개체 phone' 이라고 지칭하고 있다. 그러고 보면 '나' 와 '개체' 는 한편 분리될 수 없는 양면성의 실체적 존재이며, 그 개체는 이미 인간 본연의 자율성을 상실한 'phono sapiens' 의 족속이기 때문이다. 만능 핸드폰에 예속된 오늘날의 인간상을 두고 영국의 경제주간지 '이코노미스트' 가 처음 사용한 'phono sapiens' 는 고대 그리스 지성사회에서 주장된 '호모 사피엔스' 를 비웃고 있는 듯하다. 이성인간에서 기술인간으로, 기술인간에서 다시 포노인간으로의 변천은 진화일지 퇴화일지는 두고 봐야 할 일이지, 그 어느 쪽도 장담할 수 없는 것이 아닐까 싶다.

국제적 온라인 거래 플랫폼을 통해 직구하고, 그 기쁨의 표정은, 입 꼬리가 살짝 말려 올라가는 고대 그리스풍의 고졸한 아르카익 스마일과 다름이 없다. 이제 불가항력적으로 기술문명의 진화에 포획된 '개체 phone'으로서의 '나'를 시인은 이 작품의 마지막 연에서 이렇게 쓰고 있다.

나는 생각하는 사람인가
휴대폰 생각의 인간인가
과연 스마트 폰은 오장육부에
하나 더 있는 신체인가

— 〈포노 사피엔스, 아르카익 미소〉 끝연

'이성인간'에서 '휴대폰인간'으로 전화轉化된 인간, 스마트폰이 오장육부에 하나 더 생긴 장기臟器일지, 개체적 인간이 스마트폰 부품 중의 하나일지 분간키 어려운 시대에 우리는 이른바 'phono sapiens'로 살아가고 있다. "시간의 그물에 걸려 버둥거리고/(……)/ 미래가 체포되는 쓸데없는 경계로" 〈쓸데없는 경계로〉 행운인지 불행인지도 분간하기 어려운 몽롱한 가운데 말이다.

이 같은 첨단적 문명이 인간의 실존적 삶의 모든 것을 커버하지는 못한다. 식색食色에 관한 한 인간은 여전히 원시적이다.

인간과 가축은 그 관계가 형성된 이래 운명적이다. 이를테면, 소의 경우, 농가에서는 가족이고 노동력이며 재화이다. 정 들어 피붙이 같은 소가 우시장에 나가 팔리고, 도살장으로 끌려가는 것은 단순히 식재료를 위한 한 짐승의 소멸만을 의미하지 않는다. 소의 입장에서 소를 화자로 하여 쓴 〈그들, 나는 누구인가〉라는 작품은 소와 인간, 도살과 식육의 제문제를 새삼 성찰케 한다.

> 오늘은 소시장에 가는 날
> 정든 할아버지, 친구들과 이별할 시간
> 그리움이 신음하고 슬픔이 돋아
> 시린 눈물 한 방울 뚝 떨어진다
> 뜨거운 웃음으로 아침 햇살이
> 나를 감싸는데
> 아, 죽기 위해 살았던가
> 아니 그들을 위해
> 죽임을 당해야 하나
> 하지만 나는 알고 있다
> 오늘은 그들을 위해
> 죽음의 장소로 가는 날이라는 것도
> 이미 알고 있다
>
> — 〈그들, 나는 누구인가〉 제1~2연

시골 농가에서 가축은 밀착된 관계의 삶이라는 특성 때문에 가족적 사랑의 교감이 있고, 사람 이상의 대우를 받을 때도 있다. 저녁답이 되면 어른들은 항상 쇠죽을 끓여 소에게 먼저 밥을 주고 나서 사람의 식사 시간을 가졌다. 소의 새끼가 자라서 팔려 갈 때, 사납게 울며 눈물 흘리고, 몇며칠 밤낮을 울며 지새우는 어미 소의 비통함은 곧 온 가족의 아픔이요 슬픔이었다.

시인은 우시장으로 팔려 가는 소를 주체적 화자로 내세워 인간과 소의 관계를 신랄하게 표현하고 있다. 입장을 뒤집으면 그대로 정든 소를 시장으로, 도살장으로 떠나보내는 가족의 생각과 아픔의 처지 그 자체이다. 소는 영물靈物이어서 도살장으로 갈 때면 이미 그런 상황적 사실을 다 안다.

그래, 그들을 위해서
기꺼이 나를 필요로 하는 모든 이에게
마치 조국을 위해 죽으러 가는 애국 열사처럼
도도하고 의기양양하게 걸어가자, 그곳으로
안중근 의사처럼 혈서는 못 써도
윤봉길 의사처럼 도시락 폭탄을 가지고 갈 수는 없어도
고통 없이, 간병인 없이, 요양원 없이
영혼을 뜸 들이지 않고 마감할 수 있으니
웃으며 뚜벅뚜벅 걸어가자

— 〈그들, 나는 누구인가〉 제3연

감정이입이 비장하고 단호하다. 도살장으로 끌려가게 된 소의 운명을 소재로 하여 이토록 의연하고 당당하게 표현한 것은 놀랍고도 흥미롭다. "웃음을 울음하며/ 의식의 카타콤에서/ 시간을 들고 서 있는데/ 눈물 한 방울 눈썹에 또 매달린다"라는 이 탁월한 마무리는 인간 스스로의 통렬한 자성自省을 불러일으킨다. 시의 끝행 "그들, 나는 누구인가"의 '그들'과 '나'는 상호 치환적이다. 소가 사람이고 사람이 소라는 인식적 담론이 소와 함께 했던 우리 어릴 적의 기억과 추억을 아프게 소환한다.

직각자가 걸어간다
몇 가닥 헝클어진 하얀 비단실 머리 노인이
고독과 검은 비닐주머니를 거느리고

직각으로 접혀진 인생의 허공에다 허공을 치는지
암회색 층층계에서 허공을 끄집어 당기듯
파리바게트 앞에 앉아서 가슴을 쾅쾅 치고 있다

지금 이 거리는 수컷들과 메이크업한 나비들이 팔랑거리고
크리스털 웃음 짓는 초록 젊은이들의 수다스런 카니발이
벚꽃 피는 경마장처럼 호황이다

— 〈직각자가 걸어간다〉 제1~2연

박연숙의 시적 발상과 표현적 감각은 특별하다. 가파른 층계

길을 오르는, 허리가 직각자처럼 구부러진, 흰 머리채의 노파에 대한 묘사가 양각처럼 두드러져 보인다. 화가시인으로서의 장기長技가 십분 발휘된 성 싶은 대목의 압권은 "직각으로 접혀진 인생"이다. 허공을 치듯이, 아니면 허공을 끄집어 당기듯이, 검정 비닐주머니 하나 들고 칙칙한 생의 층층계에서 가슴을 치는 장면의 효과는, 그 다음 연의 생기발랄한 청춘남녀들의 복되고 수다스러운 카니발과 대비되어 극대화된다.

> 아마도 그 노인의 검정색 비닐 속에는
> 연분홍 들꽃 같은 시간의 주름과
> 회청의 쓰라린 망각의 껍질과
> 연보라의 어떤 희미한 기다림이
> 노마드 보따리로 묶여 감금되어 있을 게다
>
> — 〈직각자가 걸어간다〉 제3연

박연숙 시에서 색채미학이 가지는 중요성에 대해서는 앞에서 논의하였듯, 거의 모든 작품에 작용하고 있는 색채의 지배적 특성을 늘 염두에 두고 감상할 필요가 있다. 고독한 노인의 검정색 비닐주머니 속에는 연분홍빛 젊은 날의 추억과 회청빛 쓰라린 망각의 껍질들, 그리고 연보라의 막연한 기다림의 의식이 떠도는 자의 보따리로 감금되어 있으리라는 것이다. 모성으로서 살아온 고통과 괴로움과 그리움을 끌어안고 "외롭고 어지러운 이 세상을 직각만큼만 보려고/ 직각자처럼 그리 걸어가는지/ 그 직각자는 언제나 다리 펴지 못하는 의자처럼/ 세월을 무릎 꿇게 만든다"(제4연)는 탁발한 상상적 인식과 표현미학이 압도적이다. 운명적 인간이 겪게 되는 실존적 현실의 형상화가 온전히 결속되었기 때문이다.

> 흐르는 물은 노마드, 정처가 없다
> 흐르는 물은 시간의 게스트하우스다
> 개여울이든 강물이나 바다이든
> 시간의 물과 팔짱끼고 발맞추며
> 멀고도 긴 데이트를 한다
> 좀 더 가까이 그의 체온과 포개고
> 기억을 흔들어 추억을 소환하고
> 베일에 가려진 미래를 체포한다
>
> — 〈흐르는 물은 시간의 게스트하우스다〉 제1~2연

일찍이 시선詩仙 이백李白은 명문 〈춘야연도리원서春夜宴桃李園序〉의 첫 머리에서, "부 천지자 만물지역려 광음자 백대지과객夫 天地者 萬物之逆旅 光陰者 百代之過客: (*무릇 천지는 만물의 여관이요, 시간[세월]은 영원한 나그네)"이라고 하였다. '흐르는 물'은 이백의 표현에서 '시간'이고, '게스트하우스'는 물론 '역려逆旅'이겠다. 박연숙 시인은 시간의 이미지를 '흐르는 물'로 치환하여, 인생이란 노마드적이며 정처 없는 것이라는

현실을 역동적으로 표현한 것이다. 흐르는 물을 시간의 역려-게스트하우스로 인식한 은유적 상상력은 1,200년을 훨씬 뛰어넘어 당대唐代의 시인 이백과 상통해 버렸다.

'시간의 물' 은 "기억을 흔들어 추억을 소환하고/ 베일에 가려진 미래를 체포한다". 인간의 의식은 흐르는 시간의 강물 안에 있다. 우리 인간의 미래도 막연하나마 그 시간의 흐름 안에서 예측된다. 시인의 의식은 환상과 현실, 과거와 현재, 자연과 인간의 영역을 자유롭게 넘나들며 복합적 이미지의 장관을 연출한다.

환상의 새가 고요히 쉰다 오팔 그린 들판에
이제 허허로운 적요는 산산조각 흩어지고
세루리언 블루 차일이 난만한 저 공중 여백에
갈대밭 어린 비비새는 잔가지 물고 와
는개 빗줄기에 '위풍당당 행진곡' 음표를 한 소절 긋고 간다

직박구리는 꽃을 음미하고 목청껏 아카펠라로 행진곡을 연주하는데
물봉선은 꽃병도 없이 어딘가 고아하게 봉황처럼 앉아 있다
유영하는 송사리 떼는 삶의 구김살을 배접하느라 분주하고
무심한 달빛은 시심을 흔들어 본성에 희열을 꽂는데
'아테네 학당' *에서는 흐름의 철학 낱말들이 부들처럼 일어선다

— 〈흐르는 물은 시간의 게스트하우스다〉 제3~4연

환상의 새가 그린 오팔 색의 들판에서 쉬고, 세루리언 블루의 하늘이 차일처럼 궁륭을 이룬 공중 여백의 갈대밭 비비새는 잔가지를 물고 와 는개 빗줄기에, 에드워드 엘가 곡曲의 '위풍당당 행진곡' 음표 한 소절 긋고 가듯 생동하고, 직박구리가 목청껏 무반주 성음聲音으로 행진곡을 노래하는 가운데 물봉선은 고아하게 피어 있고, 물 속 송사리 떼는 먹이 활동으로 분주히 유영한다. 이같은 자연현상의 조화로운 하모니 속에 "무심한 달빛은 시심을 흔들어 본성에 희열을" 선사하고, 일깨워진 본성은 라파엘로 산치오의 그림 '아테네 학당' 으로 건너뛰어 흐름의 철학 낱말들이 부들처럼 생생히 일어섬을 떠올린다.

흐르는 물은 "허공을 나는 새처럼 걸림 없이 멀리 흘러가기도 하지만", 바위와 절벽을 만나 격랑을 이루기도 하고, 웅건하게 돌아가기도 한다. 영원한 디아스포라인 흐르는 물은 그렇게 "시간의 물과 팔짱끼고" "애틋하게 밀착 토크하면서/ 시방 데이트 중이다". 물 흐름과 시간의 게스트하우스, 그것은 우주의 시공時空을 광음자光陰者와 역려逆旅라는 이백의 철학적 관조, 그 포괄의 사상과 아름다운 물 흐름의 데이트를 보여준다.

5

박연숙의 시는 이질적인 대상이나 다양한 이미지들의 집합적 결합을 통해 다층적 심미의 세계를 지향한다. 초현실적 인식과 방법의 화가시인으로서 도발적이고 환상적 회화繪畫 및 작시作詩의 영역을 구축하면서도 문명사적 통찰과 삶의 실존적 현실을 외면하지 않는 점에서 그의 시세계는 시대적 명분과 복합적 상상력의 아름다움을 높이 평가받을 만하다. 화사한 색채 이미지의 분절적 형상적 조합의 폭발은 어머니에 대한 그리움과 추억에까지 연결되고 결합되면서 도저한 시의 향기를 뿜어낸다.

그림과 서예와 시를 두루 껴안고 자신의 창조적 개성을 펼쳐 보여주는 박연숙은 예술과 삶의 경계가 없음을 일찍이 체득한 화가시인이다. 자연과 인생, 사물과 존재, 아름다움과 슬픔, 욕망과 고뇌 등의 제반 문제를 굵은 선의 어조와 당당한 문체로 직조하여 독특한 세계를 열어 보인 것은 그런 경험적, 인식적 능력에 기반하고 있기 때문이다.

그의 문제적이고 빼어난 시편들을 고르게 다루지 못하였다. 작품의 기발한 특성과 복합적 구성에 따른 논의의 여지가 많아, 짧은 한 편의 평설로는 다할 수 없는 한계가 있었다. 신선한 충격의 멀티 예술가 박연숙, 놀라운 첫 시집을 토대로, 때로 표현의 디테일에 다소 소홀했던 점을 보완해 가며 깊은 울림을 주는 시인으로 우뚝 서리라 믿는다.

흐르는 물은 시간의 게스트하우스다 / 박연숙

고뇌의 어깨에 평온을 116.8㎝×91.0㎝, oil on canvas, 2018

마그리트와 로봇미인 비 63.0cm×72.7cm, Oil on canvas, 2017

팬지로봇미인
63.0cm×72.7cm, Oil on canvas, 2017

大巧若拙美人
56cm×42cm, Oil on canvas, 2017

지금 이 순간 幸福하기로 73㎝×60㎝, Oil on canvas, mixed media, 2013

순간 낯섬에서 오는 Gesture 130㎝×96㎝, Oil on canvas, mixed media, 2013

마그리트와 로봇 55cm×46cm, Oil on canvas, mixed media, 2013

Refinement
46cm×38cm, Oil on canvas, 2017

grafting - 4
46cm×38cm, oil on canvas, 2018

Cello美人 46㎝×38㎝, Oil on canvas, mixed media, 2015

접화군생미인 56㎝×42㎝, Oil on canvas, 2016

계간문예시인선 157

박연숙 시집 _ 흐르는 물은 시간의 게스트하우스다

초판 인쇄 2020년 6월 25일
초판 발행 2020년 6월 30일

지 은 이 박연숙
회 장 서정환
발 행 인 정종명
편집주간 차윤옥

펴낸곳 도서출판 계간문예
편집부 03132 서울 종로구 삼일대로 30길 21 종로오피스텔 1209호
주소 03132 서울 종로구 삼일대로 32길 36 운현신화타워 305호
전화 02-3675-5633 팩스 02-766-4052
인쇄 54991 전북 전주시 완산구 공북1길 16, 신아출판사
이메일 munin5633@naver.com
등록 2005년 3월 9일 제300-2005-34호
ISBN 978-89-6554-221-6 04810
ISBN 978-89-6554-118-9 (세트)

값 10,000원

이 도서의 국립중앙도서관 출판예정도서목록(CIP)은 서지정보유통지원시스템 홈페이지(http://seoji.nl.go.kr)와 국가자료공동목록시스템(http://www.nl.go.kr/kolisnet)에서 이용하실 수 있습니다. (CIP제어번호: CIP2020027340)